KB273071

한눈에 익히는 끝내기

상용 1,817字

8급에서 3급 한자능력검정시험用

禾谷 張塏忠 編著

나무의 꿈

한눈에 익히는 **끝내기**
상용 1,817字
8급에서 3급 한자능력검정시험用

초판 인쇄일│2009년 6월 10일
초판 발행일│2009년 6월 20일
편저자│장개충
펴낸이│이환호
펴낸곳│나무의 꿈
　　　　서울특별시 마포구 서교동 463-31
　　　　플러스 빌딩 4층
전　화│(02)332-4037, FAX│(02)332-4031
출판등록│제 10-1812호

잘못된 책은 구입한 곳에서 바꿔드립니다.
값 8,000원

책머리에

　한자는 이미 오래 전부터 우리 문자로 받아들여 찬란한 문화를 꽃피워왔을 뿐만 아니라, 중국과 나란히 유구한 역사의 문명(文明)을 떨치는 등 문화선진국으로 발돋움해왔다.

　이 책은 교육부에서 발표한 〈한자 교육의 새로운 패러다임 구축〉에 의거하여 중·고등학교 교육용 한자와 8급에서 3급 한자능력검정시험 1,817자를 한눈에 익힐 수 있도록 7천여 단어 용례와 더불어 꾸몄다.

　특히 '한자는 어떻게 만들어졌는가?' 편에서 어렵게만 느낄 수 있는 한자의 구성과 상형·지사·회의·형성·전주·가차문자를 알기 쉽게 풀이하여 한자를 이해하는데 도움을 주었다.

　그 뿐만 아니라 부수의 위치와 명칭을 용례와 곁들여 풀이하고, 214자의 부수를 설명함에 있어 부수가 가지는 특성에 따라 어떤 뜻으로 쓰이는가를 한눈에 알 수 있도록 하였음을 특징으로 꼽을 수 있겠다.

　모쪼록 이 책 한 권으로 한자능력검정시험과 취업·승진시험을 준비하는 모든 분들께 좋은 길잡이가 되리라 확신한다.

2009년 5월
편저자 씀

한눈에 익히는 **끝내기**
상용 1,817字
8급에서 3급 한자능력검정시험用

차 례

漢字는 어떻게 만들어졌나?

　한글은 사람의 말소리를 기호로 나타내는 소리글자(표음문자 : 表音文字)이지만, 한자는 그림이나 사물의 형상을 본떠 이를 시각적으로 의미를 전달하는 뜻글자(표의문자 : 表意文字)이다.

　대부분의 사람들은 한자를 공부하는 데 우선 어렵다고 느껴지겠지만 한자의 기본원칙인 육서(六書)를 익히고, 기본 부수풀이를 익힌다면 한자를 이해하는 데 많은 도움이 될 것이다.

1. 한자의 세 가지 요소

　모든 한자는 고유한 모양(形)과 소리(音), 뜻(意)의 세 가지 요소로 이루어져 있다.

모양	天	地	日	月	山	川
소리	천	지	일	월	산	천
뜻	하늘	땅	해·날	달	메	내

2. 한자의 만들어진 원리— 육서(六書)

❶ 상형문자(象形文字)

　한자가 만들어지는 원리 중 가장 기본이 되는 원리로,
구체적인 사물의 모양을 본떠서 만들어진 글자를 '상형문
자'라고 한다. 상형자는 사물의 모양을 본뜬 것이 조금씩
바뀌어 오늘의 글자 모양이 되었다.

日 : 해의 모양을 본뜬 글자로 '해'를 뜻한다. '해'라는 뜻에
　　서 해가 뜨고 지는 하루인 '날', '낮'의 뜻으로 쓰인다.
月 : 달의 이지러진 모양을 본뜬 글자로 '달'을 뜻한다. '달'
　　이라는 뜻에서, 초승달과 그믐달까지의 기간, '한 달'
　　의 뜻으로 쓰인다.

❷ 지사문자(指事文字)

　구체적인 모양으로 나타낼 수 없는 생각을 점(·)이나
선(-) 또는 부호로 나타내어 만든 글자를 '지사문자'라고
한다.
　① 선으로 나타낸 지사문자 : 一, 二, 三
　② 점(·)과 선(-)으로 나타낸 지사문자 :
　　　ᅩ → 上, ᅮ → 下

한자어	읽기	뜻풀이
上下	상하	위와 아래
一月	일월	1년 중 첫째 달
二日	이일	이틀(그 달의 둘째 날)

❸ 회의문자(會意文字)

두 개 이상의 글자가 뜻으로 결합하여 새로운 글자를 만든 것을 '회의문자'라고 한다.

뜻+뜻(결합글자)	새로운 글자	뜻	음
日 , 月 날 일 , 달 월	明	밝을	명
女 , 子 계집 녀 , 아들 자	好	좋을	호

❹ 형성문자(形聲文字)

뜻을 나타내는 부분과 음(音)을 나타내는 부분이 결합하여 만들어진 글자를 '형성문자'라고 한다.

뜻을 나타내는 글자	음을 나타내는 글자	결합된 글자	뜻	음
言 말씀 언	己 몸 기	記	기록하다	기
口 입 구	門 문 문	問	묻다	문

❺ 전주문자(轉注文字)

글자 모양은 그대로이나 그 글자가 가진 본래의 의미가
확대되어 전혀 다른 뜻과 음으로 사용되는 경우를 '전주
문자'라고 한다.

한자	본래의 의미		새로운 의미	
	뜻	음	뜻	음
樂	풍류	악	즐길 좋아할	락 요
惡	악할	악	미워할	오
更	고칠	경	다시	갱

❻ 가차문자(假借文字)

뜻글자인 한자는 소리글자인 한글과 달리, 원래의 뜻
과는 상관없이 음(音)만을 빌려 쓰는 경우를 '가차문자'라
고 한다.

외국어	소리글자(표음문자)	뜻글자(표의문자)
	한글	한자
Asia	아시아	亞細亞(아세아)
America	아메리카	美國(미국)
India	인디아	印度(인도)

3. 부수(部首)의 위치와 명칭

❶ 머리(冠)·두(頭)

부수가 글자의 위에 있는 것.

ᄼ 갓머리(집면) : 官(벼슬 관)

艹(艸) 초두머리(풀초) : 花(꽃 화), 苦(쓸 고)

❷ 변(邊)

부수가 글자의 왼쪽에 있는 것.

亻(人) 사람인변 : 仁(어질 인), 代(대신 대)

禾 벼화변 : 科(과목 과), 秋(가을 추)

❸ 발·다리(脚)

부수가 글자의 아래에 있는 것.

儿 어진사람인 : 兄(형 형), 光(빛 광)

灬(火) 연화발(불화) : 烈(매울 열), 無(없을 무)

❹ 방(傍)

부수가 글자의 오른쪽에 있는 것.

刂(刀) 선칼도방 : 刻(새길 각), 刑(형벌 형)

阝(邑) 우부방 : 郡(고을 군), 邦(나라 방)

❺ 엄(广)

부수가 글자의 위에서 왼쪽으로 덮여 있는 것.

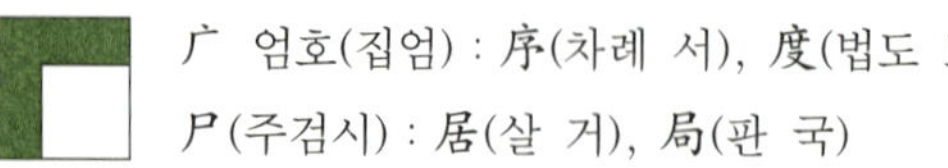

广 엄호(집엄) : 序(차례 서), 度(법도 도)
尸(주검시) : 居(살 거), 局(판 국)

❻ 받침

부수가 왼쪽에서 밑으로 있는 것.

廴 민책받침(길게걸을인) :
　　　　廷(조정 정), 建(세울 건)
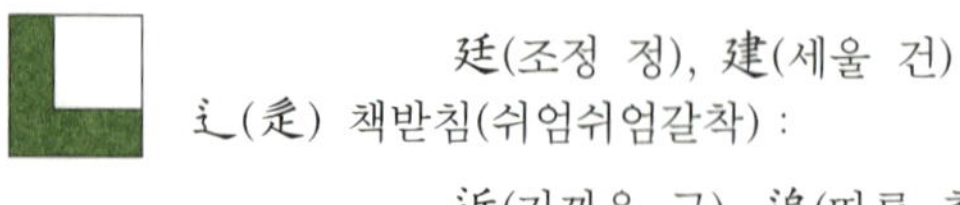
辶(辵) 책받침(쉬엄쉬엄갈착) :
　　　　近(가까울 근), 追(따를 추)

❼ 몸

부수가 글자를 에워싸고 있는 것.

凵 위튼입구몸(입벌릴감) :
　　　　凶(흉할 흉), 出(날 출)

匚 감출혜 : 匹(짝 필), 區(구분할 구)
匚 튼입구몸(상자방) : 匠(장인 장), 匣(갑 갑)

門 문문 : 開(열 개), 間(사이 간)

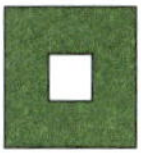

口 큰입구몸(에운담) :

四(넉 사), 困(곤할 곤), 國(나라 국)

❽ 제부수

부수가 그대로 한 글자를 구성한다.

木(나무목) : 本(근본 본), 末(끝 말)

車(수레거) : 軍(군사 군), 較(비교할 교)

馬(말마) : 驛(역마 역), 騎(말탈 기)

4. 부수(部首) 익히기

一 (한일)部 : 指事字

　손가락 하나. 선을 옆으로 그어 하나의 수를 가리킨다. 셈의 시작, 첫째라는 의미뿐만 아니라 '모두를 하나로 (一) 모아 묶는다'는 뜻도 있다.

　｜ (뚫을곤)部 : 指事字

　위에서 아래로 한 획을 그어 위와 아래를 관통한다는 뜻을 나타낸다.

　丶 (점주)部 : 指事字

　등불의 불꽃을 그린 글자. 丶자는 '점', '점을 찍다'의 뜻을 지닌 글자로 단독으로는 쓰이지 않는다.

　丿 (삐침별)部 : 象形字

　오른쪽에서 왼쪽으로 삐쳐 나간 모습을 그린 글자. 丿 부에 속한 글자는 해서체를 기준으로 분류함에 따라 들어 갔을 뿐 원래의 뜻인 '삐치다'와는 관계가 없다.

　乙 · 乚 (새을)部 : 象形字

　갈 지(之) 자 형의 모양을 본떠, 사물이 원활히 나아가

지 않는 상태를 나타낸다. 혹은 새 모양에서 비롯된 글자
라고도 한다.

丿 (갈고리궐)部 : 象形字
　거꾸로 휘어진 갈고리 모양을 본뜬 글자. 문자의 구성
요소로 쓰이며, 이 자(字) 자체의 단독 용례는 없다.

二 (두이)部 : 象形字
　두 손가락, 또는 두 개의 가로획, 선을 그어 '둘', '거듭'
을 나타낸 글자.

亠 (돼지해머리)部 : 象形字
　갑골문·금문에 나타나지 않는 글자로 유래를 알 수
없다. 자획을 분류하는 데 편리하게 사용될 뿐이지 단독
체의 글자가 아니다.

人·亻 (사람인변)部 : 象形字
　옆에서 본 사람을 본뜬 모양으로 '사람'의 뜻을 나타낸
다. 사람과 관련된 글자뿐만 아니라 사람의 성질이나 상
태 따위를 나타내는 글자를 이룬다.

儿 (어진사람인발)部 : 象形字
　人(사람 인) 자를 다른 형태로 쓴 글자이다. 儿은 항

상 글자 아래에 쓰인다.

  入 (들입)部 : 象形字

  끝이 날카로운 모양으로 '들어가기 쉽다'는 뜻을 나타
낸다는 설과 초목(草木)의 뿌리가 '땅 속으로 뻗어 들어
가는 모습'을 그렸다는 설이 있다.

  八 (여덟팔)部 : 指事字

  서로 나누어 갈라진 모양을 본떠서 '나누다'라는 뜻을
나타낸다. 뒤에 숫자 8로 가차되어 쓰게 되자, '나눈다'는
뜻으로는 分(나눌 분) 자를 새로 만들었다.

  冂 (멀경)部 : 象形字

  좌우의 두 획은 문(門)의 두 기둥을 그린 것이고 가로
획은 빗장을 그린 것이다. 冂은 '경계 밖의 먼 곳, 멀다'
는 의미로 사용되고 부수의 의미는 크게 작용하지 않는
다.

  ⼍ (덮을멱 · 민갓머리)部 : 象形字

  집 또는 지붕을 본떠 그린 글자. '덮어 가리다, 쓰다'의
의미로 사용된다.

  冫 (이수변 · 얼음빙)部 : 象形字

얼음이 언 모양을 그린 글자. '얼음'과 관계있는 뜻을
가진다. 부수 명칭은 '이수변' 혹은 '두점변'이라 한다.

几 (안석궤)部 : 象形字

앉아있을 때의 도구를 본뜬 글자. 几는 '안석'을 뜻하
는 글자로 부수 이외에는 크게 활용되지 않는다.

凵 (위터진입구)部 : 象形字

입벌릴 감, 위터진 그릇 감, 땅이 움푹 팬 모습을 그린
글자. 坎(구덩이 감) 자의 원시형태이다.

刀 · 刂 (칼도)部 : 象形字

날이 굽은 칼의 모양을 본뜬 글자. 칼로 베는 동작을
나타내거나 물건을 자른 상태 외에 칼을 사용하는 것과
관련된 뜻을 지닌다. 刀는 날이 한쪽에만 있는 칼을 뜻하
고, 劍(검)은 날이 양쪽에 있는 칼을 뜻한다.
　*변형부수 : 刂 (선칼도방).

力 (힘력)部 : 象形字

힘을 준 팔에 근육이 불거진 모양을 본뜬 글자로 '힘'의
뜻을 나타낸다. 力은 '힘이 있다', '힘을 들이다(힘쓰다)'
의 뜻으로, 힘을 이용하는 일이나 노력 등을 의미하는 글
자를 이룬다.

勹 (쌀포)部 : 象形字

　사람이 팔을 뻗어 껴안은 모양을 본떠 '싸다'의 뜻을 나타낸다.

匕 (비수비)部 : 象形字

　사람이 허리를 굽히거나 엎드려 있는 모습을 본뜬 글자. 혹은 숟가락을 그린 것이라고도 한다. 짧은 칼을 의미하는 '단검', '비수'의 뜻으로 쓰인다.

匚 (터진입구몸)部 : 象形字

　상자방(네모반듯한 용기). 네모난 상자 모양을 본뜬 글자. 대부분 '그릇', '상자'의 뜻과 관련 있다.

匸 (터진에운담)部 : 會意字

　감출 혜. ㄴ은 감춘다는 뜻이고, 위의 一은 윗부분을 덮어 가리고 있음을 나타낸다.

十 (열십)部 : 指事字

　갑골문에서는 'ㅣ'로 썼는데, 금문에서는 바늘의 상형 '十'으로 썼다. '針(침)'의 원자. 가차(假借)하여 수의 '열', '다수'의 뜻을 나타낸다.

卜 (점복)部 : 象形字

　점을 치기 위하여 소뼈나 거북의 등딱지를 태워서 엳어진 갈라진 금의 모양을 본떠 '점치다'의 뜻을 나타낸다.

卩 · 㔾 (병부절)部 : 象形字

　병부(兵符)는 왕과 병권(兵權)을 맡은 지방관이 미리 나누어 가지던 신표(信標). 발병부(發兵符)라 한다.

　사람이 무릎을 꿇은 모양을 본떠 '무릎관절'의 뜻을 나타낸다. 무릎 꿇는 일에 관계되는 문자나 신표를 뜻하는 글자를 나타낸다. 글자의 아랫부분(발)이 될 때는 '㔾'이 된다.

厂 (민엄호)部 : 象形字

　언덕 한(구릉, 낭떠러지). 석굴 한(암 혈). 산의 바위 아래 움푹 들어간 곳 또는 깎아지른 듯한 낭떠러지를 본뜬 글자. '산·언덕' 외에 '집'과도 관련이 있는 글자를 이룬다. '广(엄호밑)'에 대하여 점이 없으므로 '민엄호밑'이라 일컫는다.

厶 (마늘모)部 : 指事字

　사사 사(私)의 古字. 작게 둘러싼 것을 나타내고, 사유(私有)하다의 뜻을 나타낸다. 부수로서의 일정한 뜻은 없으나 자형 분류상 부수로 세워졌다. 글자 모양이 마늘쪽과 같이 세모를 이루고 있어 '마늘 모'라 일컫는다.

又 (또우)部 : 象形字

오른손의 옆모습을 본뜬 글자. 어떤 사물을 중복해서 가진다는 데서 '또'의 뜻으로 쓰인다. 손과 관련해서 일어나는 행위나 상태의 표현에 사용된다.

口 (입구)部 : 象形字

사람의 입모양을 본떠 '입'의 뜻을 나타낸다. 목소리나 숨쉬는 일, 음식 따위, 입의 기능에 관계되는 문자를 이룬다. 또는 '구멍', '물건', '네모난 것' 등과도 관련이 있다.

囗 (에운담 · 큰입구)部 : 指事字

에울 위(圍)와 나라 국(國)의 古字. 둘레를 에워싼 선에서 '에워싸다', '두르다', '둘레'의 뜻을 포함하는 글자로 쓰인다.

土 (흙토변)部 : 象形字

초목의 새싹이 땅 위로 솟아오르며 자라는 모양을 본뜬 글자. 二는 지층을 말함이고, ㅣ는 초목의 싹을 나타낸다. 흙으로 된 것이나 흙의 상태, 흙에 손질을 가하는 일 등과 관련 있는 글자로 쓰인다.

士 (선비사)部 : 象形字

하나(一)를 배우면 열(十)을 깨우치는 '선비'를 뜻한다. 큰 도끼의 상형으로 '큰 도끼를 가질 만한 남자', '벼슬하는 사람', '일'과 관계되는 글자로 쓰인다.

夂 (뒤져올치)部 : 象形字

아래를 향한 발의 상형으로 '내려가다', '움직이다'의 뜻을 나타낸다.

夊 (천천히걸을쇠)部 : 象形字

아래를 향한 발자국의 모양으로, 가파른 언덕을 머뭇거리며 내려가다는 뜻을 나타낸다. '천천히걸을쇠발부'라 일컬음.

夕 (저녁석)部 : 象形字

초저녁 밤하늘에 뜬 초승달을 본떠 '저녁'의 뜻을 나타낸다. 갑골문에서 '月'의 자형과 같으나 금문(金文)에서 한 획을 뺀 자형으로 쓰였다.

大 (큰대)部 : 象形字

사람(人)이 팔(一)과 다리를 크게 벌리고 서있는 모양을 본떠, '크다'의 뜻을 나타낸다. '사람의 모습이나 일', '크다'와 관련 있는 글자로 쓰인다.

女 (계집녀)部 : 象形字

두 손을 얌전히 포개고 무릎을 꿇은 여자의 모습을 본떠 '여자', '계집'을 뜻한다. 女 자 부수의 글자는 여자의 여러 가지 심리를 나타내거나 여성적인 성격과 행위, 남녀 관계 등의 뜻을 지닌다.

子 (아들자)部 : 象形字

어린아이의 머리와 두 팔을 본뜬 글자로, '아들', '자식'의 뜻을 나타낸다. 또한 차용(借用)하여 십이지(十二支)의 제1위인 '쥐'의 뜻으로도 쓰인다. 子 자 부수의 글자는 아이의 행동이나 상태와 관련 있는 뜻을 지닌다.

宀 (갓머리)部 : 象形字

집을 나타내어 맞배지붕을 본뜬 모양으로 '집', '지붕'을 뜻한다. 宀 자 부수의 글자는 가옥이나 그 부속물, 집과 관련 있는 것을 뜻한다.

寸 (마디촌)部 : 指事字

팔목에서 맥을 짚는 자리까지의 거리, 즉 '한 치'를 뜻하고, 한 치의 길이를 헤아려 '법도'의 뜻을 나타낸다. 寸

부수의 글자는 손의 동작이나 손과 관련 있는 것을 뜻한다.

小 (작을소)部 : 象形字

큰 물체에서 떨어져 나간 작은 점 세 개를 본떠 물이 작은 모양을 뜻한다. 小 부수의 글자는 '작다'와 관련 있는 것을 뜻한다.

尢 (절름발이왕)部 : 象形字

사람의 다리 한 쪽이 굽어져 있는 모양을 본뜬 글자. '大'가 사람의 서 있는 모습인데 대하여, 정강이뼈가 구부러진 것으로 '절름발이'의 뜻을 나타낸다. 부수로 쓰일 때는 '尣' '兀'로 변형되어 쓰이기도 한다.

尸 (주검시)部 : 象形字

사람이 죽어서 손발을 뻗은 것을 본뜬 글자로 '주검'의 뜻을 나타낸다. '屍(시)'의 原字. 尸 부수의 글자는 '사람', '집'과 관련 있는 것을 뜻한다.

屮(풀철 · 왼손좌)部 : 象形字

屮은 풀의 싹을 본뜬 글자로 '풀', '초목의 싹'을 뜻한다. 屮은 왼손의 모양을 본떠 '왼쪽', '왼손'을 뜻한다.

山 (메산)部 : 象形字

　산이 연달아 솟아있는 모양을 본떠 '산'을 뜻한다. 山 부수의 글자는 산과 관련 있는 것을 뜻한다.

巛 · 川 (개미허리)部 : 象形字

　'巛'자는 '川'의 본글자로 부수에만 쓰인다. 川은 양쪽 언덕 사이로 물이 흐르고 있는 모양을 본떠 '내', '강'을 뜻한다.

工 (장인공)部 : 象形字

　일을 할 때 사용하는 연장, '자'의 모양을 본떠, '공작하다', '연장', '도구'를 뜻한다.

己 (몸기)部 : 象形字

　사람이 자기 몸을 굽히고 있는 모양을 본뜬 글자. 가차하여 '자기 몸', '천간(天干)'의 뜻으로 쓰인다.

巾 (수건건)部 : 象形字

　허리띠에 천을 드리우고 있는 모양. 또는 수건이 걸려 있는 모습을 본뜬 글자로 '수건'을 뜻한다. 巾 부수의 글자는 '면직물'과 관련 있는 뜻으로 쓰인다.

干 (방패간)部 : 象形字

　끝이 두 갈래로 갈라진 사냥도구, 또는 방패를 그린 것이다. '방패'의 뜻 외에 '막다'의 뜻을 지니기도 한다.

幺 (작을요)部 : 象形字

　실〔絲(사)〕이 한 가닥 한 가닥 묶인 모습을 그린 것으로, 糸의 원시형태이다. 幺 부수의 글자는 '작다', '어리다'와 관련 있는 뜻으로 쓰인다.

广 (엄호)部 : 象形字

　높은 바위 위에 있는 집을 정면으로 바라본 모습이다. 广 부수의 글자는 '집'과 관련 있는 뜻으로 쓰인다.

廴 (민책받침)部 : 指事字

　길게 걸을 인. 사거리를 그린 '行(다닐 행)'자의 왼쪽 부분. 彳(조금 걸을 척)의 변형이다. 廴 부수의 글자는 '가다', '발을 길게 떼어놓다'의 뜻으로 쓰인다.

廾 (밑스물입)部 : 會意字

　두 손을 맞잡아 드는 모양을 본뜬 글자로 '받들다'의 뜻을 나타낸다. 글자 모양이 '廿(스물 입)'과 비슷하고, 대개 글자의 밑에 쓰이므로 '밑스물입'이라 한다.

弋 (주살익)部 : 象形字

주살은 새를 잡는 데 실을 매어 쓰는 화살이다. 弋자
는 아래쪽 끝부분이 뾰족한 '말뚝' 모양을 본뜬 글자이나,
모양이 흡사한 '주살'의 의미로 발전하였다.

弓 (활궁)部 : 象形字

화살을 메기지 않은 활의 모양을 본떠 '활'을 뜻한다.
弓 부수의 글자는 '활' 또는 '활에 관한 동작이나 상태'를
나타낸다.

彐 · 彑 · 彐 (터진가로왈)部 : 象形字

돼지머리 계. 머리를 위로 치켜든 돼지의 모습을 그린
글자이다. 부수의 활용은 의미가 없다.

彡 (터럭삼 · 삐친석삼)部 : 象形字

길게 자란 윤기 나는 머리를 본뜬 글자로 '긴머리', '무
늬'의 뜻을 나타낸다. 彡 부수의 글자는 '무늬', '빛깔', '머
리', '꾸미다'와 관련 있는 뜻으로 쓰인다.

彳 (두인변 · 중인변)部 : 象形字

조금 걸을 척. 길의 뜻인 '行(행)'의 왼쪽 부분을 본뜬
글자로 '길을 가다'의 뜻을 나타낸다. 彳 부수의 글자는

‘가다’, ‘이동하다’와 관련 있는 뜻으로 쓰인다.

心 · 忄 · 㣺 (마음심)部 : 象形字

　사람의 심장 모양을 본뜬 글자로 ‘심장’, ‘마음’을 뜻한
다. 心(忄) 부수의 글자는 ‘생각’, ‘감정’, ‘마음’ 등과 관련
있는 뜻으로 쓰인다. *변형부수 : 忄(심방변), 㣺(밑마음
심).

戈 (창과)部 : 象形字

　갑골문에서 손잡이가 달린 자루 끝에 날이 달린 창의
모양을 본떠 ‘창’을 뜻한다. 戈 부수의 글자는 ‘창’, ‘무기’
와 관련 있는 뜻으로 쓰인다.

戶 (지게호)部 : 象形字

　두 짝으로 된 문의 한 짝을 본뜬 글자로 외짝문 ‘지게’
를 뜻한다. 戶 부수의 글자는 ‘문’, ‘집에 딸린 물건’과 관
련 있는 뜻으로 쓰인다.

手 · 扌 (손수)部 : 象形字

　手는 다섯 손가락을 펼치고 있는 손의 모양을 본떠 ‘손’
을 뜻한다. 手(扌) 부수의 글자는 ‘손의 각 부분의 명칭
이나 손의 동작’과 관련 있는 뜻으로 쓰인다.

支 (지탱할지)部 : 象形字

　대나무나 나무의 가지를 손에 든 모양을 본떠 ‘가지를
치다’, ‘버티다’를 뜻한다. 支 부수의 글자는 방(傍, 몸)으
로 쓰이며, ‘가지로 갈리다’의 뜻을 나타낸다. 또는 會意
字로, 손 모양에서 비롯된 又(또 우) 자와 가지를 표현한
十가 합해진 글자라고도 한다.

攴 · 攵 (등글월문)部 : 形聲字

　又(우)와 卜(복). 攴는 칠 복
　손으로 ‘치다’, ‘두드리다’를 뜻한다. 攴(攵) 부수의 글
자는 ‘손으로 무엇을 하다’와 관련 있는 뜻으로 쓰인다.
‘文(글월 문)’과 대비하여 ‘등글월문’이라 일컫는다.
　*변형부수 : 攵

文 (글월문)部 : 象形字

　바르게 서 있는 사람의 가슴을 보여, 거기에 문신(文
身)한 모양을 본떠 ‘무늬’, ‘문채(文彩)’의 뜻을 나타낸다.

斗 (말두)部 : 象形字

　곡식을 담아서 수량을 헤아리는 말(斗)의 모양. ‘열
되’, ‘말’을 뜻한다. 斗 부수의 글자는 용량의 단위로 ‘재
다’, ‘따르다’와 관련 있는 뜻으로 쓰인다.

斤 (날근)部 : 象形字

　긴 자루 끝에 날을 단 도끼 모양을 본뜬 글자. 斤 부수의 글자는 '도끼', '자르다'와 관련 있는 뜻으로 쓰인다.

方 (모방)部 : **象形字**

　농기구 쟁기의 날 부분의 모양. 또는 배를 언덕에 묶어 놓은 모양을 본뜬 글자. 方 부수의 글자는 '깃발'과 관련 있는 뜻으로 쓰인다.

无 · 旡 (없을무)部 : 指事字

　갑골문에서는 춤추는 사람의 모양을 본뜬 글자였는데 가차하여 '없다'의 뜻으로 쓰인다.
　*변형부수 : 旡(이미기방)는 앉은 사람이 얼굴을 돌려 외면한 상태의 뜻을 포함한 글자로 쓰인다.

日 (날일)部 : 象形字

　해의 모양을 본뜬 글자로 '해'를 뜻한다. 日 부수의 글자는 '태양', '명암', '시간', '날씨'와 관련 있는 뜻으로 쓰인다.

曰 (가로왈)部 : 象形字

　입을 열어 말하는 모양을 본떠 '목소리를 내어 말하다'

를 뜻한다. 曰 이외에 曰의 자형을 지닌 문자를 모으기
위하여 편의적으로 부수를 설정하였다.

月 (달월)部 : 象形字

　달의 이지러진 모양을 본떠 '달'을 뜻한다. 月 부수의
글자는 '달', '시간', '시기'와 관련 있는 뜻으로 쓰인다. '肉
(육)'이 변으로 될 때의 '육달월(月)'과는 다르게 구별해
야 한다.

木 (나무목)部 : 象形字

　나무(｜)의 가지(一)와 뿌리를 본떠 '나무'를 뜻한다.
木 부수의 글자는 '나무의 종류, 상태, 성질', '나무로 만
든 물건'과 관련 있는 뜻으로 쓰인다.

欠 (하품흠)部 : 象形字

　사람이 입을 벌리고 있는 모양을 본떠 '입을 벌리다',
'하품'을 뜻한다. 欠 부수의 글자는 '숨쉬다', '입벌리다,
그런 상태'와 관련 있는 뜻으로 쓰인다.

止 (그칠지)部 : 象形字

　사람의 발목 아래 모양을 본뜬 글자. 걸음을 멈추는 것
으로 '그치다'를 뜻한다. 止 부수의 글자는 '발의 동작이나
시간의 경과' 등과 관련 있는 뜻으로 쓰인다.

歹 · 歺 (죽을사)部 : 象形字

　앙상한 뼈(알), 나쁠 (대).

　살을 발라낸 뼈를 본뜬 글자. 歹 부수의 글자는 '죽음'
과 관련 있는 뜻으로 쓰인다.

殳 (갖은등글월문)部 : 象形字

　몽둥이(칠) 수.

　손에 나무 몽둥이를 든 모양. 殳 부수의 글자는 '치다',
'때리다', '부수다'와 관련 있는 뜻으로 쓰인다.

毋 (말무)部 : 象形字

　본래 '母(모)'와 같이 쓰였으나 母의 두 점을 하나의 세
로획으로 고쳐 '말다(금지)', '없다'를 뜻한다.

比 (견줄비)部 : 象形字

　두 사람이 나란히 서 있는 모양을 본뜬 글자로 '견주다'
를 뜻한다. 자형 분류상 부수로 세웠다.

毛 (터럭모)部 : 象形字

　사람의 머리털이나 짐승의 털이 나있는 모양을 본뜬
글자. 毛 부수의 글자는 '털', '털로 만든 물건'과 관련 있
는 뜻으로 쓰인다.

氏 (각시씨)部 : 象形字

　땅 속에 뻗친 나무뿌리의 뜻에서 파생되어 쓰인다. 모양이 비슷한 '民(민)'을 포함하여 자형 분류상 부수로 세웠다.

气 (기운기)部 : 象形字

　구름이 뭉게뭉게 피어오르는 모습을 그린 것으로 '수증기', '구름', '공기' 등을 뜻한다. 气 부수의 글자는 '기운'과 관련 있는 뜻으로 쓰인다.

水 · 氵 (물수)部 : 象形字

　물이 끝임 없이 흐르는 모양을 본뜬 글자. '水'가 변이 될 때에는 '氵'의 꼴을 취하여 '삼수변'으로 일컫는다. 水(氵) 부수의 글자는 '물, 강의 이름', '물의 상태나 동작' 등과 관련 있는 뜻으로 쓰인다.

火 · 灬 (불화)部 : 象形字

　불이 활활 타오르는 모양을 본뜬 글자. 火(灬) 부수의 글자는 '불의 성질이나 상태, 작용' 등과 관련 있는 뜻으로 쓰인다.
　*변형부수 : 받침으로 쓰일 때는 灬(연화발)로 쓰인다.

爪·爫 (손톱조)部 : 象形字

위에서 아래의 물건을 덮어 움켜쥐고 있는 손과 손가락을 그린 글자이다. 爪 부수에 속하는 글자는 '손', '손톱', '손으로 잡다'와 관련 있는 뜻으로 쓰인다.
  *변형부수 : 爫 손톱조머리.

父 (아비부)部 : 象形字

오른손(乂·又)에 도끼(매채)를 든 모양. 권력을 지닌 한 가정의 가장으로 '아버지'를 뜻한다. 父 부수의 글자는 '부친', '노인'과 관련 있는 뜻으로 쓰인다.

爻 (점괘효)部 : 象形字

『주역(周易)』의 두 괘(卦)가 서로 엇갈려 있는 모습을 그린 것이다. 문자 정리상 부수로 세워졌다.

爿 (장수장변)部 : 象形字

조각널 장

牀(평상 상)의 原字. 침상을 세워 옆에서 본 모양을 형상화하여 '침상'을 뜻한다. 또한 나무의 중간을 나누어 '왼쪽의 반 조각', '나뭇조각'의 뜻을 가리키는 지사문자로도 풀이한다.

片 (조각편)部 : 象形 · 指事字

　나무 목(木) 자를 세로로 쪼개어 나눈 오른쪽 조각의 형상. '조각', '쪼개다'를 뜻한다. 片 부수의 글자는 '평평한 널판'과 관련 있는 뜻으로 쓰인다.

牙 (어금니아)部 : 象形字

　아래위의 어금니가 맞닿은 모양을 본뜬 글자. 옛날에는 코끼리의 상아로, 깃발을 장식하여 대장기로 쓰였다. 牙 부수의 글자는 '이', '치아'와 관련 있는 뜻으로 쓰인다.

牛 · 牜 (소우)部 : 象形字

　정면에서 본 소의 머리부분과 뿔 모양의 특징을 살려 상징적으로 표현하였다. 牛 부수의 글자는 '여러 종류의 소, 사육하거나 부리는 일'과 관련 있는 뜻으로 쓰인다.

犬 · 犭 (개견)部 : 象形字

　개가 귀를 세우고 옆으로 서 있는 모양을 본뜬 글자. 변으로 쓰일 때는 '犭(개사슴록변)'이다. 犬(犭) 부수의 글자는 '여러 종류의 개', '개와 유사한 동물', '개의 성질', '사냥'과 관련 있는 뜻으로 쓰인다.

老 · 耂 (늙을로)部 : 象形字

허리가 굽은 노인이 지팡이를 짚고 서 있는 모양. 耂
(늙을로엄)는 '老'가 편방(엄)으로 쓰일 때의 모양이다.
耂 부수의 글자는 '노인', '나이 많다', '오래되다'와 관련
있는 뜻으로 쓰인다.

王 · 玉 (구슬옥변)部 : 象形字

王은 고대 중국에서 지배권의 상징으로 쓰인 큰 도끼
의 모양으로 '임금'을 뜻한다. 玉은 세 개의 옥, 구슬 세
개를 끈으로 꿴 모양이다. 玉이 변으로 쓰일 때는 '王'자
형이 된다. 王 · 玉 부수의 글자는 '옥의 종류', '옥으로 만
든 물건' '옥의 상태'와 관련 있는 뜻으로 쓰인다.

艹 · 艸 (초두머리)部 : 象形字

가지런히 자란 풀의 모양으로 '풀'을 뜻한다. 艹는 부
수의 위치가 머리 부분에 쓰일 때 변형이 생긴다. 艸는
두 포기의 풀 모양. 草(풀 초)의 본글자이다. 艹 부수의
글자는 '풀에 관한 이름', '풀의 상태', '풀로 만드는 물건'
과 관련 있는 뜻으로 쓰인다.

辶 (책받침)部 : 會意字

'辵(쉬엄쉬엄 갈 착)'이 부수로 쓰일 때의 글자 모양.
'책받침'이라는 명칭은 '착받침'이 잘못 사용된 것이다. 辵

부수의 이름은 '갖은책받침', 辵은 길(彳) 위에 사람의 발(止)이 있음을 표현했다. 辶 부수의 글자는 '가는 길이나 걷는 활동', '원근 관계'와 관련 있는 뜻으로 쓰인다.

玄 (검을현)部 : 象形字

실을 한 타래씩 묶은 모습으로 糸(실 사)의 원시 형태. 玄 부수의 글자는 '검다'와 관련 있는 뜻으로 쓰인다.

瓜 (오이과)部 : 象形字

덩굴에 열린 오이. 오이의 덩굴과 오이 열매(厶)를 본뜬 모양으로 '오이'를 뜻한다. 瓜 부수의 글자는 '덩굴식물의 열매'와 관련 있는 뜻으로 쓰인다.

瓦 (기와와)部 : 象形字

진흙을 구부려서 구운 질그릇의 모양으로 '기와', '질그릇'을 뜻한다. 瓦 부수의 글자는 '질그릇', '오지그릇'과 관련 있는 뜻으로 쓰인다.

甘 (달감)部 : 指事字

입 구(口) 안에 무엇인가(一) 머금고 있는 형상. 곧 혀에 얹어서 단맛을 맛보는 것을 뜻한다. 甘 부수의 글자는 '달다', '맛이 좋다'와 관련 있는 뜻으로 쓰인다.

生 (날생)部 : 象形字

　초목의 새싹이 땅 위로 솟아나오는 모양을 본떠 '생겨 나다', '살다'를 뜻한다. 生 부수의 글자는 '출산', '생명'과 관련 있는 뜻으로 쓰인다.

田 (밭전)部 : 象形字

　사냥하는 구역이나 경작지의 구역을 그린 것이다. 田 부수의 글자는 '논밭', '경작'과 관련 있는 뜻으로 쓰인다.

疋 (필필 · 짝필)部 : 象形字

　발 소.

　필은 피륙을 세는 단위. '발 족(足)'과 같은 꼴로 발의 모양을 본뜬 글자. 疋 부수의 글자는 '발', '걷는다'와 관련 있는 뜻으로 쓰인다.

疒 (병질엄)部 : 會意字

　병들어 누울 녁.

　갑골문에서 사람이 침대 위에 누워 있는 모습으로, 사 람이 병이 나서 침대에 누워 있는 것을 뜻한다. 疒 부수 의 글자는 '병(病)'과 관련 있는 뜻으로 쓰인다.

癶 (필발머리)部 : 象形字

걸음 발. 등질 발.

두 발을 벌린 모양을 본떠 '발', '등지다'를 뜻한다. 癶
부수의 글자는 '발의 동작이나 상태'와 관련 있는 뜻으로
쓰인다.

白 (흰백)部 : 象形字

머리가 흰 뼈의 상형. 또는 햇빛, 도토리 열매의 모양
으로 '희다'를 뜻한다. 白 부수의 글자는 '희다', '밝다'와
관련 있는 뜻으로 쓰인다.

皮 (가죽피)部 : 象形字

손(又)으로 짐승의 가죽을 벗기고 있는 모양을 본떠
'가죽'을 뜻한다. 皮 부수의 글자는 '피부', '가죽'과 관련
있는 뜻으로 쓰인다.

皿 (그릇명)部 : 象形字

음식을 담는 접시를 본떠 '그릇', '접시'를 뜻한다. 皿
부수의 글자는 '그릇', '그릇에 담긴 것', '덮개'와 관련 있
는 뜻으로 쓰인다.

目 · 罒 (눈목)部 : 象形字

사람의 눈을 본떠, 눈꺼풀이 덮이어 보호되고 있는 '눈'
을 뜻한다. 目 부수의 글자는 '눈의 움직임이나 상태', '보

는 일'과 관련 있는 뜻으로 쓰인다.

矛 (창모)部 : 象形字

옛 전차에 세우던 창의 모양. 윗부분은 창의 끝. 'ㅣ'는
창의 자루, 그 옆은 창의 끈을 묶는 귀를 나타낸다. 矛
부수의 글자는 '창'과 관련 있는 뜻으로 쓰인다.

矢 (화살시)部 : 象形字

화살촉과 깃의 모양을 본떠 '화살'을 뜻한다. 矢 부수의
글자는 '화살'과 관련 있는 뜻으로 쓰인다.

石 (돌석)部 : 象形字

언덕(厂) 아래로 굴러 떨어진 돌맹이(口) 모양을 본떠
'돌'을 뜻한다. 石 부수의 글자는 '암석의 종류', '돌의 상
태', '돌로 만들어진 물건'과 관련 있는 뜻으로 쓰인다.

示 · 礻 (보일시)部 : 象形字

제물을 차려놓은 제상(祭床)의 모양을 본떠, '신에게
제상을 보이는 것'을 뜻한다. 示(礻) 부수의 글자는 '신',
'제사', '신이 내리는 길흉화복'과 관련 있는 뜻으로 쓰인
다.

禸 (짐승발자국유)部 : 象形字

짐승의 뒷발이 땅을 밟고 있는 모양을 본떠 '발자국'을 뜻한다. 内 부수의 글자는 '짐승', '동물'과 관련 있는 뜻으로 쓰인다.

禾 (벼화)部 : 象形字

벼가 익어 고개를 숙인 모양으로 벼의 줄기와 뿌리를 그린 것이다. 禾 부수의 글자는 '벼', '곡물, 그 수확이나 조세'와 관련 있는 뜻으로 쓰인다.

穴 (구멍혈)部 : 象形字

옛 사람들이 살던 동굴과 움집의 모양, 그 입구를 그린 것으로 '구멍', '굴'을 뜻한다. 穴 부수의 글자는 '구멍', '구 멍 모양의 기물, 구멍을 뚫는 일' 등과 관련 있는 뜻으로 쓰인다.

立 (설립)部 : 象形字

사람(大)이 땅(-)을 딛고 서서 두 팔을 벌리고 있는 모습을 본떠 '서다', '세우다'를 뜻한다. 立 부수의 글자는 '사람이 서 있거나 물체가 세워져 있는 것'과 관련 있는 뜻으로 쓰인다.

衤 (옷의변)部 : 象形字

衣(옷 의)가 변으로 쓰일 때의 글자 모양. 衤 부수의 글자는 '옷'과 관련 있는 뜻으로 쓰인다.

竹 (대죽)部 : 象形字

대나무 가지의 가운데 잎이 아래로 드리워진 모양으로 '대나무'를 뜻한다. 竹 부수의 글자는 '대나무의 종류', '대나무로 만든 용구'와 관련 있는 뜻으로 쓰인다. 특히 문서와 관련 있는 글자에 ⺮(대죽머리)가 붙는 것은 옛날부터 죽간(竹簡)을 썼던 데서 연유한다.

米 (쌀미)部 : 象形字

벼(禾)의 이삭 끝에 달린 열매, 또는 낟알이 흩어져 있는 모양. 갑골문은 가로획과 여섯 개의 점으로 이루어졌는데, 가로획은 곡식 이삭의 가지 부분, 여섯 점은 그 열매의 부분으로 '쌀'을 뜻한다. 米 부수의 글자는 '쌀과 같은 곡류의 식물'과 관련 있는 뜻으로 쓰인다.

糸 (실사)部 : 象形字

실을 한 타래씩 묶은 모양으로 '가는 실'을 뜻한다. 糸 부수의 글자는 '실의 종류나 성질 및 직물'과 관련 있는 뜻으로 쓰인다.

缶 (장군부)部 : 象形字

장군은 물, 술, 오줌 따위를 담아 나르는 데 쓰는 그

릇. 가운데 부분의 배가 부른 뚜껑달린 질그릇을 본뜬 글
자. 缶 부수의 글자는 '질그릇으로 만든 항아리, 단지'와
관련 있는 뜻으로 쓰인다.

网 · 罒 · 𦉰 (그물망)部 : 象形字
　網(그물 망)의 古字.
　그물의 모양을 본떠, 속 모양은 그물코, 바깥 모양은
그물의 줄을 나타내어 '그물'을 뜻한다. 부수로 쓰일 때는
'罒, 𦉰'의 글자가 되기도 한다. 网 부수의 글자는 '그물'
과 관련 있는 뜻으로 쓰인다.

　羊 (양양)部 : 象形字
　정면에서 바라본 양의 뿔과 머리를 그린 글자로 '양'을
뜻한다. 羊 부수의 글자는 '양'과 관련 있는 뜻으로 쓰인
다.

　羽 (깃우)部 : 象形字
　새의 깃, 또는 양날개를 본떠 '깃', '날개'를 뜻한다. '새
의 깃털'과 관련 있는 뜻으로 쓰인다.

　而 (말이을이)部 : 象形字
　코 밑, 또는 턱수염의 모양을 본떠 '수염'을 뜻하였으
나, 가차하여 접속사로서 '그리하여', '그리고', '그러나',

‘그런데’ 등의 뜻으로 쓰인다. 而 부수는 자형 분류상 부수로 설정하였다.

 耒 (쟁기뢰)部 : 象形字

 쟁기, 쟁기의 자루, 구부러진 쟁기를 손에 잡고 있는 모양을 본떠 ‘쟁기’를 뜻한다. 耒 부수의 글자는 ‘농기구나 농사’와 관련 있는 뜻으로 쓰인다.

 耳 (귀이)部 : 象形字

 귀의 모양, 바깥은 귀의 윤곽을 가운데 가로 그은 두 개의 획은 귓구멍을 나타낸다. 耳 부수의 글자는 ‘귀의 기능이나 상태’와 관련 있는 뜻으로 쓰인다.

 聿 (붓율)部 : 象形字

 손으로 필기구를 쥐고 있는 모습으로 ‘붓’을 뜻한다. 단지 부수의 역할만 하고 있다.

 肉 · 月 (고기육 · 육달월)部 : 象形字

 칼로 잘라놓은 고깃덩어리의 모양을 본뜬 글자로 ‘고기’를 뜻한다. 肉이 변으로 될 때는 月(육달월)로, 다리가 될 때에는 月로 쓰인다. (*月(달 월)과 구별할 것)
 肉(月) 부수의 글자는 ‘신체 각 부위의 명칭이나 상태’와 관련 있는 뜻으로 쓰인다.

臣 (신하신)部 : 象形字

　임금 앞에 공손히 엎드려 있는 사람의 모양. 사람이 머리를 숙이면 눈이 세로로 서기 때문에 ‘신하’, ‘섬기다’를 뜻한다. 臣 부수의 글자는 ‘눈으로 보고 있는 상황이나 모습’과 관련 있는 뜻으로 쓰인다.

自 (스스로자)部 : 象形字

　사람의 코를 그린 글자. 본래는 코를 뜻하였으나 뒤에 ‘자기’의 뜻으로 가차되자, 코의 뜻으로는 畀를 더한 鼻(비)자를 새로 만들어 보충하였다. 自 부수의 글자는 ‘코’ ‘냄새’와 관련 있는 뜻의 글자에 쓰인다.

至 (이를지)部 : 指事字

　화살이 땅에 꽂혀 있는 모양으로 ‘이르다’, ‘당도하다’를 뜻한다. 至 부수의 글자는 ‘이르다’의 의미와 발음부호로 사용되는 경우가 있다.

臼 (절구구)部 : 象形字

　옛날에 땅바닥을, 나무나 돌을 파서 만든 절구의 모양을 본떠 ‘절구’를 뜻한다. 臼 부수의 글자는 ‘절구’, ‘찧는다’, ‘들어올리다’와 관련 있는 뜻으로 쓰인다.

舌 (혀설)部 : 象形字

　입으로 내민 혀의 모양으로 '혀', '말'을 뜻한다. 舌 부
수의 글자는 '혀의 기능'과 관련 있는 뜻으로 쓰인다.
　*舍(집 사)는 편의상 이 부수에 분류되었다.

舛 (어그러질천)部 : 象形 · 會意字

　서로 어긋나 있는 모습이다. 곧 양발이 반대 방향으로
향한 모양을 본떠 '어그러지다'를 뜻한다. 또는 사람과 사
람이 서로 등지고 반대된다는 뜻을 나타내며, '어긋나다,
배반하다'의 뜻을 나타낸다. 부수의 활용은 자형에 따라
분류한 것에 불과하다.

舟 (배주)部 : 象形字

　나룻배의 모양을 본떠 '배'를 뜻한다. 舟 부수의 글자는
'배의 종류나 용구', '배로 가는 일'과 관련 있는 글자에
쓰인다.

艮 (머무를간)部 : 會意字

　사람의 눈을 뒤로 돌린 모습을 나타내어 외면하는 것
을 뜻하였으나 '머무르다', '어긋나다'의 뜻으로 쓰인다.
또 가차하여 '방향', '시간'의 의미로 쓰인다. 자형분류상
부수로 설정되었다.

色 (빛색)部 : 會意字

　윗부분은 사람이 서 있는 모양이 변한 형태이고, 아랫부분은 사람이 꿇어앉은 모양이 변해 이루어진 형태이다. 여기에서 '남녀의 애정'의 뜻으로 쓰였으나, 후에 '색깔', '얼굴색'의 의미로 확대되었다.

虍 (범호밑)部 : 象形字

　범의 문채 호.

　호랑이 모양의 글자 '虎(호)'에서 몸통과 발을 떼어내고 머리 부분만 그려 부수로 쓰인다. 虍 부수의 글자는 '호랑이'와 관련 있는 뜻으로 쓰인다.

虫 (벌레충 · 벌레훼)部 : 象形字

　머리가 큰 뱀의 모양에서 '벌레'를 뜻한다. 虫은 蟲의 俗字. 虫 부수의 글자는 '벌레', '짐승'과 관련 있는 뜻으로 쓰인다.

血 (피혈)部 : 象形字

　제사 때 신에게 바치는 희생의 피를 그릇에 담은 모양을 본떠 '피'를 뜻한다. 血 부수의 글자는 '피', '혈액'과 관련 있는 뜻으로 쓰인다.

行 (다닐행)部 : 象形字

  잘 정리된 네거리의 모양을 본떠 '길', '가다'를 뜻한다.
行 부수의 글자는 '도로', '거리'와 관련 있는 뜻으로 쓰인
다.

两 (덮을아)部 : 指事字

  冂은 위에서 아래로 덮고 있는 모양이고, 凵은 아래에
서 위로 벌어진 모양인데, 一로서 그것을 다시 덮고 있는
모양이다. 两 부수의 글자는 '덮다'와 관련 있는 뜻으로
쓰인다.

見 (볼견)部 : 會意字

  사람 위에 눈을 얹어 무엇을 명확히 보는 것을 뜻한다.
見 부수의 글자는 '눈의 역할', '시각 활동'과 관련 있는
뜻으로 쓰인다.

角 (뿔각)部 : 象形字

  속이 빈 딱딱한 짐승의 뿔 모양을 본떠 '뿔'을 뜻한다.
角 부수의 글자는 '뿔로 만들어진 물건', '술잔', '뿔의 상
태, 동작' 등과 관련 있는 뜻으로 쓰인다.

 言 (말씀언)部 : 象形·會意·形聲字

혀를 앞으로 내민 모습에서 象形字라 하고, 죄인(辛)이 자기 변론(口)을 한다는 뜻에서 會意字, 또는 口는 의미 부분이고 위는 발음 부분으로 形聲字라고도 한다. 言부수의 글자는 '말'과 관련 있는 뜻으로 쓰인다.

谷 (골곡)部 : 會意字

물줄기(仌)가 계곡의 입구(口)에서 흘러나오는 모습으로 '골짜기'를 뜻한다.

豆 (콩두)部 : 象形字

뚜껑이 달리고 굽이 높은 제사 용기를 그린 것으로 '제기'를 뜻하였으나 후에 가차되어 '콩'을 뜻한다. 豆 부수의 글자는 '콩', '제기'와 관련 있는 뜻으로 쓰인다.

豕 (돼지시)部 : 象形字

돼지의 머리와 살찐 몸통, 다리, 꼬리 등을 본뜬 글자로 '돼지'를 뜻한다. 豕 부수의 글자는 '돼지'와 관련 있는 뜻으로 쓰인다.

豸 (발없는벌레치 · 갖은돼지시)部 : 象形字

짐승이 몸을 웅크리고 등을 굽혀 먹이를 덮치려고 노리는 모양을 본떠 '발 없는 벌레', '해태'를 뜻한다. 豸 부수의 글자는 '맹수', '용맹스러운 기상'과 관련 있는 뜻으로 쓰인다.

貝 (조개패)部 : 象形字

껍질을 벌리고 있는 조개 모양을 본떠 ‘조개’를 뜻한다. 貝 부수의 글자는 ‘돈’, ‘재물’과 관련 있는 뜻으로 쓰인다.

赤 (붉을적)部 : 會意字

불(火) 위에 사람(大)이 있는 모습으로, 붉게 보여 ‘붉다’를 뜻한다. 또한 큰(大) 불(火)에서 ‘붉은 색’을 뜻한다. 赤 부수의 글자는 ‘붉은 빛이나 물건’과 관련 있는 뜻으로 쓰인다.

走 (달아날주)部 : 會意字

윗부분이 사람 모양(土→大)이고, 아랫부분이 발 모양(止)으로 ‘달리다’를 뜻한다. 走 부수의 글자는 ‘달리는 것’과 관련 있는 뜻으로 쓰인다.

足 (발족)部 : 象形字

사람의 무릎에서 발까지의 모양을 본떠 ‘발’을 뜻한다. 足 부수의 글자는 ‘발 부위의 명칭’, ‘발의 동작이나 상태’와 관련 있는 뜻으로 쓰인다.

身 (몸신)部 : 象形字

사람이 임신하여 배가 불룩한 모습을 본떠 '몸'을 뜻한다. 身 부수의 글자는 '신체'와 관련 있는 뜻으로 쓰인다.

車 (수레거)部 : 象形字

수레나 수레바퀴 모양을 본떠 '수레'를 뜻한다. 車 부수의 글자는 '수레'와 관련 있는 뜻으로 쓰인다.

辛 (매울신)部 : 象形字

옛날 죄인의 얼굴에 문신을 새겨 넣을 때 쓰는 바늘을 본떠 '괴롭다', '맵다'를 뜻한다.

辰 (별진)部 : 象形字

조개의 껍데기와 살을 본떠 '대합조개'를 뜻하였으나, 가차하여 '별', '때', '다섯째지지'로 쓰인다. 辰 부수의 글자는 농사와 관련 있는 뜻으로 쓰인다.

邑 (고을읍)部 : 會意字

일정한 구역(口) 안에 사람이 꿇어앉아 있는 모습(巴). 즉 일정한 구역에서 사는 '고을'을 뜻한다. 방(傍)으로 쓰일 때는 'ß (우부방)'으로 변한다.

酉 (닭유)部 : 象形字

술항아리의 모양을 본떠 '술'을 뜻한다. '酒(주)'의 原

字. 가차하여 '지지의 열째, 닭'을 뜻한다. 酉 부수의 글자
는 '술' 또는 '발효시켜 만든 음식'과 관련 있는 뜻으로 쓰
인다.

  釆 (분별할변)部 : 象形字
  짐승의 발자국에서 발톱과 발바닥이 나타나 있는 모양
을 본떠 '분별하다'를 뜻한다. 釆 부수의 글자는 '나누다'
와 관련 있는 뜻으로 쓰인다.

  里 (마을리)部 : 會意字
  밭(田)과 흙(土). 농사짓는 토지가 있는 '마을', '촌락'
을 뜻한다. 里 부수의 글자는 '마을', '촌락'과 관련 있는
뜻으로 쓰인다.

  金 (쇠금)部 : 象形·形聲字
  금을 만드는 용광로의 모습을 본뜬 상형자. 또는 덮인
흙 속에 광물이 들어있는 형태의 형성자로 본다. 金 부수
의 글자는 '금속의 종류나 성질'과 관련 있는 뜻으로 쓰인
다.

  長 (긴장)部 : 象形字
  긴 머리털이 있는 사람이 지팡이를 짚고 있는 모습을
본떠 '길다', '오래다'를 뜻한다. 镸은 古字.

門 (문문)部 : 象形字

　좌우 두 개의 문짝이 닫힌 모양을 본떠 ‘문’을 뜻한다. 門 부수의 글자는 ‘문의 종류나 상태’와 관련 있는 뜻으로 쓰인다.

阜 (언덕부)部 : 象形字

　층이 진 산비탈의 모양을 본떠 ‘언덕’을 뜻한다. 파생하여 ‘크다’, ‘성하다’, ‘많다’의 뜻으로도 쓰인다. 阜 부수의 글자는 ‘언덕의 모양’, ‘지형의 상태’와 관련 있는 뜻으로 쓰인다. 阜가 변으로 될 때에는 ‘阝(좌부방)’의 자형을 이룬다.

隶 (미칠이)部 : 會意字

　又(손)과 尾(꼬리). 꼬리를 잡으려는 손이 뒤에서 미치는 모양으로 ‘미치다’를 뜻한다. 隶 부수의 글자는 ‘붙잡아서 복종시키는 노예, 예(隸)’자가 있다.

隹 (새추)部 : 象形字

　꼬리가 짧은 새를 본떠 ‘작은 새’를 뜻한다. 隹 부수의 글자는 ‘새’와 관련 있는 뜻으로 쓰인다. *隹는 꼬리가 짧은 새, 鳥는 꼬리가 긴 새를 뜻하나 갑골문에서는 정확히 구별되어 있지는 않다.

雨 (비우)部 : 象形字

　하늘의 구름에서 물방울이 뚝뚝 떨어지는 모양을 본떠 '비'를 뜻한다. 雨 부수의 글자는 '기후', '날씨'와 관련 있는 뜻으로 쓰인다.

青 (푸를청)部 : 形聲字

　본래는 생(生 : 풀이 돋아나다)과 정(井 : 우물)으로 이루어진 글자. '우물 주변에 돋아난 풀'에서 '푸르다'를 뜻한다. 후에 井이 丹(단)으로 바뀌고, 生이 主로 바뀌어 青이 되었다. 자형분류상 부수로 설정되었다.

非 (아닐비)部 : 象形字

　서로 등지고 좌우로 벌리는 모양을 본떠 '등지다', '어긋나다'를 뜻하나, 파생하여 부정(否定)의 조사로 쓰인다.

面 (낯면)部 : 指事字

　사람의 머리 부분 모양. 얼굴 윤곽을 나타내는 '囗(위)'를 더하여 사람의 '얼굴(낯)'을 뜻한다. 面 부수의 글자는 '얼굴'과 관련 있는 뜻으로 쓰인다.

革 (가죽혁)部 : 象形字

　금문에서는 머리에서 꼬리까지 벗긴 짐승 가죽을 본떠

‘가죽’을 뜻한다. 또 ‘改(개)’와 통하여 ‘바꾸다’, ‘고치다’의 뜻으로도 쓰인다. 革 부수의 글자는 ‘가죽 제품’과 관련 있는 뜻으로 쓰인다.

韋 (다룸가죽위)部 : 會意字
어떤 장소(口)에서 다른 방향으로 발걸음을 내딛는 (舛) 모양에서 ‘어기다’를 뜻하였으나, 가차하여 ‘털을 뽑아 없앤 무두질한 가죽’의 뜻으로 쓰인다. 韋 부수의 글자는 ‘가죽제품’과 관련 있는 뜻으로 쓰이나 ‘皮(피)’, ‘革(혁)’과 구별하여 ‘다룸가죽위’라 일컫는다.

韭 (부추구)部 : 象形字
땅 위에 무리지어 나있는 부추의 모양을 본떠 ‘부추’를 뜻한다. 韭 부수의 글자는 ‘부추요리’와 관련 있는 뜻으로 쓰인다.

音 (소리음)部 : 指事字
금문에서는 ‘言(언)’의 ‘口’ 부분에 점을 하나 덧붙인 것으로 현악기, 관악기, 쇠, 돌, 풀, 나무 등에서 나는 ‘소리’를 뜻하였다. 音 부수의 글자는 ‘음향’과 관련 있는 뜻으로 쓰인다.

頁 (머리혈)部 : 象形字

사람의 머리 모양을 강조하여 본뜬 글자로 '머리'를 뜻한다. 頁 부수의 글자는 '머리 각 부위 기관'과 관련 있는 뜻으로 쓰인다.

風 (바람풍)部 : 象形 · 形聲字
　갑골문에서는 상형자로, 바람을 받는 돛 모양과 바람처럼 자유로운 봉황새 모양으로 '바람'을 뜻하였으나, 뒤에 형성자의 虫(충 · 훼) + 凡(범)으로 바뀌어 '풍운을 탄용'으로 쓰인다.

飛 (날비)部 : 象形字
　새가 날개를 치고 나는 모양을 본떠 '날다'를 뜻한다. 飛 부수의 글자는 '나는 것'과 관련 있는 뜻으로 쓰인다.

食 (밥식)部 : 象形字
　식기에 음식을 담고 뚜껑을 덮은 모양을 본떠 '음식', '먹다'를 뜻한다. 食 부수의 글자는 '음식물', '먹는 행위'와 관련 있는 뜻으로 쓰인다. 변으로 쓰일 때는 '飠'모양이 된다.

首 (머리수)部 : 象形字
　눈과 머리털을 강조한 머리 모양을 본떠 '머리'를 뜻한다. 首 부수의 글자는 '머리'와 관련 있는 뜻으로 쓰인다.

香 (향기향)部 : 會意字

'黍(기장 서)'와 '甘(달 감)'을 결합하여, 기장이나 술 따위, 제물 등에서 나는 '향기'를 뜻한다. 香 부수의 글자는 '향기'와 관련 있는 뜻으로 쓰인다.

馬 (말마)部 : 象形字

말의 머리와 갈기, 다리와 꼬리 등 말의 모양을 본떠 '말'을 뜻한다. 馬 부수의 글자는 '말의 종류나 동작'과 관련 있는 뜻으로 쓰인다.

骨 (뼈골)部 : 會意字

살 바를 과와 고기 육(肉, 月).

몸의 핵을 이루는 '뼈'를 뜻한다. 骨 부수의 글자는 '몸의 각 부위의 뼈', '뼈로 만든 물건'과 관련 있는 뜻으로 쓰인다.

高 (높을고)部 : 象形字

높고 큰 문 위의 누다락의 모양을 본떠 '높다'를 뜻한다. 부수의 활용은 '높은 것'을 뜻하지만 많지 않다.

髟 (터럭발)部 : 會意字

긴 머리의 '長(장)'과 길게 흘러내린 머리털 '彡(삼)'의

상형. '머리가 길게 늘어진 모양'을 나타낸다. 髟 부수의
글자는 '머리털이나 수염, 그 상태'와 관련 있는 뜻으로
쓰인다.

鬥 (싸울투)部 : 象形字

두 사람이 마주 대하여 싸우고 있는 모양을 본떠 '싸우
다'를 뜻한다. 鬥 부수의 글자는 '싸우다', '다투다'와 관련
있는 뜻으로 쓰인다.

鬯 (술창)部 : 會意字

술 이름(옻기장으로 빚은 술).

그릇(凵)에 쌀(米)을 넣고 숟가락(匕)을 곁들여서,
옻기장 등으로 빚은 '창술'을 뜻한다. 鬯 부수의 글자는
'술향기', '술의 원료'와 관련 있는 뜻으로 쓰인다.

鬲 (솥력)部 : 象形字

다리가 세 개인 솥을 본떠 '솥'을 뜻한다. 鬲 부수의
글자는 '솥', '솥으로 찌는 일'과 관련 있는 뜻으로 쓰인다.

鬼 (귀신귀)部 : 象形字

본래는 사람을 그린 것이나 머리 부분을 다르게 그려
살아있는 사람과 구별하였다. 鬼 부수의 글자는 '영혼', '초
자연적인 것', '악신(惡神)'과 관련 있는 뜻으로 쓰인다.

魚 (물고기어)部 : 象形字

물고기의 머리, 배, 비늘, 꼬리의 모양을 본떠 '물고기'
를 뜻한다. 魚 부수의 글자는 '물고기'와 관련 있는 뜻으
로 쓰인다.

鳥 (새조)部 : 象形字

꽁지가 짧은 새를 '隹(추)'라 하는 데 대하여, 꽁지가
긴 새를 일컬음. 새의 모양을 본떠 '새'를 뜻한다. 鳥 부수
의 글자는 '여러 조류의 명칭'과 관련 있는 뜻으로 쓰인
다.

鹵 (소금밭로)部 : 象形字

주머니에 싼 소금덩어리 모양을 본떠 '소금', '염밭'을
뜻한다. 鹵 부수의 글자는 '소금', '염분'과 관련 있는 뜻으
로 쓰인다.

鹿 (사슴록)部 : 象形字

뿔이 있는 수사슴의 모양을 본떠 '사슴'을 뜻한다. 鹿
부수의 글자는 '사슴 또는 그와 유사한 동물'과 관련 있는
뜻으로 쓰인다.

麥 (보리맥)部 : 會意字

올 래(來 : 까끄라기가 있는 보리)와 뿌리내릴 치(夂). 땅 속 깊이 뿌리내린 보리를 뜻한다. 麥 부수의 글자는 '보리'와 관련 있는 뜻으로 쓰인다.

麻 (삼마)部 : 會意字
돌집 엄(广)과 삼의 껍질을 벗기는 모양.
겉껍질을 벗기기 쉬운 '삼'을 뜻한다. 麻 부수의 글자는 '삼'과 관련 있는 뜻으로 쓰인다.

黃 (누를황)部 : 象形字
밭의 빛깔이 누렇게 변하는 가을 들녘. '누른 빛'을 뜻한다. 黃 부수의 글자는 '황색'과 관련 있는 뜻으로 쓰인다.

黍 (기장서)部 : 象形·會意字
기장의 모양을 본떴는데, 禾(벼 화) 자보다 낟알이 흩어진 모습이다. 기장은 벼보다 낟알이 흩어져 팬다. 黍 부수의 글자는 차기장이 찰기가 있다는 데서 '차진 것'과 관련 있는 뜻으로 쓰인다.

黑 (검을흑)部 : 象形字
위쪽의 굴뚝에 검댕이가 차고, 아래쪽에 불길이 오르는 모양을 본떠 '검다'를 뜻한다. 黑 부수의 글자는 '검은 것'과 관련 있는 뜻으로 쓰인다.

　黹 (바느질할치)部 : 象形字

　헝겊에 무늬를 수놓은 모양을 본떠 '자수'를 뜻한다. 黹 부수의 글자는 '자수'와 관련 있는 뜻으로 쓰인다.

　黽 (맹꽁이맹)部 : 象形字

　머리, 배, 네 개의 다리가 있는 맹꽁이 모양을 본떠 '맹꽁이', '힘쓰다'를 뜻한다. 黽 부수의 글자는 '개구리나 거북이 등 물가에 사는 동물'과 관련 있는 뜻으로 쓰인다.

　鼎 (솥정)部 : 象形字

　세 발, 또는 네 발 달린 솥의 모양을 본떠 '솥'을 뜻한다. 鼎 부수의 글자는 '솥'과 관련 있는 뜻으로 쓰인다.

　鼓 (북고)部 : 會意字

　'壴(주)'는 북을, '支(지)'는 손에 채를 잡고 치는 모양을 본떠 '북', '북을 치다'를 뜻한다. 鼓 부수의 글자는 '북', '북소리'와 관련 있는 뜻으로 쓰인다.

　鼠 (쥐서)部 : 象形字

　이를 드러내고 있는 꼬리가 긴 쥐의 모양을 본떠 '쥐'를 뜻한다. 鼠 부수의 글자는 '쥐', '쥐와 비슷한 동물'과 관련 있는 뜻으로 쓰인다.

鼻 (코비)部 : 會意 · 形聲字

갑골문과 금문은 코를 본떴는데, 후에 음을 나타내는 '畀(비)'를 덧붙였다. 鼻 부수의 글자는 '코의 상태'나 '숨소리'와 관련 있는 뜻으로 쓰인다.

齊 (가지런할제)部 : 象形字

보리나 벼 따위가 패서 이삭의 끝이 가지런한 모양을 본떠, '가지런하다'를 뜻한다. 齊 부수의 글자는 글자 구성에 도움을 주면서 음의 역할만 한다.

齒 (이치)部 : 象形 · 形聲字

갑골문은 '이'를 본떴다. '이'에 '止(머무르다)'를 덧붙여 형성자가 되었다. 물건을 물어 멈추게 하는 아래위의 '이'를 뜻한다. 齒 부수의 글자는 '이의 종류나 상태', 무는 일'과 관련 있는 뜻으로 쓰인다.

龍 (용룡)部 : 象形字

머리에 뿔이 있고, 입을 벌리고 긴 몸뚱이를 가진 상상의 동물 '용'을 뜻한다. 龍 부수의 글자는 '용'과 관련 있는 뜻으로 쓰인다.

龜 (거북귀)部 : 象形字

　거북은 고대에 신령한 동물로 여겨, 그 껍데기는 거북
점에 썼다. 거북의 모양을 본떠, '거북'을 뜻한다. 그 외
'터지다, 갈라지다(균)', '이름 구'의 뜻을 나타낸다.
　龜 부수의 글자는 '거북'과 관련 있는 뜻으로 쓰인다.

龠 (피리약)部 : 象形字

　피리 모양을 본떠 '피리', '관악기'를 뜻한다. 그 외 '한
홉의 10분의 1에 해당하는 용량의 단위'로 쓰인다. 가운
데는 피리의 구멍을 그린 것이다. 龠 부수의 글자는 '피
리', '피리의 연주나 음률'과 관련 있는 뜻으로 쓰인다.

| 口
2
⑤ | **可** | 옳을 **가** 〈5급〉
옳다. 인정하다. 정도. | 可決(가결) 可觀(가관)
可能(가능) 可否(가부) |

| 力
3
⑤ | **加** | 더할 **가** 〈5급〉
더하다. 뽐내다. 살다. | 加工(가공) 加擔(가담)
加入(가입) 加重(가중) |

| 人
6
⑧ | **佳** | 아름다울 **가** 〈3급2〉
아름답다. 좋다. 좋아하다. | 佳客(가객) 佳約(가약)
佳宴(가연) 佳人(가인) |

| 木
5
⑨ | **架** | 시렁 **가** 〈3급2〉
시렁. 횃대. 말뚝. | 架空(가공) 架橋(가교)
架上(가상) 架設(가설) |

| 宀
7
⑩ | **家** | 집 **가** 〈7급〉
집. 집안. 전문가. | 家庭(가정) 家族(가족)
家風(가풍) 家訓(가훈) |

| 人
9
⑪ | **假** | 거짓 **가** 〈4급2〉
거짓. 임시적. 빌리다. | 假令(가령) 假想(가상)
假定(가정) 假稱(가칭) |

| 行
6
⑫ | **街** | 거리 **가** 〈4급2〉
거리. 시가. 한길. 네거리 | 街路(가로) 街說(가설)
街談巷說(가담항설) |

| 日
9
⑬ | **暇** | 겨를 **가** 〈4급〉
겨를. 한가하다. 틈. | 暇隙(가극) 暇日(가일)
餘暇(여가) 閑暇(한가) |

| 欠
10
⑭ | 歌 | 노래 **가** 〈7급〉
노래. 노래하다. 울다. | 歌客(가객) 歌曲(가곡)
歌舞(가무) 歌謠(가요) |

| 人
13
⑮ | 價 | 값 **가** 〈5급〉
값. 시세. 가격. 값어치. | 價格(가격) 價值(가치)
代價(대가) 定價(정가) |

| 口
3
⑥ | 各 | 각각 **각** 〈6급〉
각각. 제각기. 따로따로. | 各個(각개) 各別(각별)
各種(각종) 各出(각출) |

| 角
0
⑦ | 角 | 뿔 **각** 〈6급〉
뿔. 모. 촉각. 술잔. 총각. | 角度(각도) 角立(각립)
角笛(각적) 角逐(각축) |

| 卩
5
⑦ | 却 | 물리칠 **각** 〈3급〉
물리치다. 물러남. 어조사. | 却說(각설) 却走(각주)
却退(각퇴) 忘却(망각) |

| 刀
6
⑧ | 刻 | 새길 **각** 〈4급〉
새기다. 깎다. 심하다. | 刻苦(각고) 刻骨(각골)
刻印(각인) 時刻(시각) |

| 肉
7
⑪ | 脚 | 다리 **각** 〈3급2〉
다리. 물건 떠받치는 것. | 脚力(각력) 脚本(각본)
脚色(각색) 脚註(각주) |

| 門
6
⑭ | 閣 | 누각 **각** 〈3급2〉
누각. 다락집. 세우다. | 閣員(각원) 閣議(각의)
閣下(각하) 內閣(내각) |

부수	한자	훈음	급수	용례	
見 13 ⑳	覺	깨달을 **각**	〈4급〉	覺書(각서) 覺醒(각성)	覺悟(각오) 聽覺(청각)
		깨닫다. 깨우치다. 드러남.			
干 0 ③	干	방패 **간**	〈4급〉	干戈(간과) 干滿(간만)	干涉(간섭) 干拓(간척)
		방패. 막다. 구하다.			
刀 3 ⑤	刊	책펴낼 **간**	〈3급2〉	刊刻(간각) 刊布(간포)	刊行(간행) 新刊(신간)
		책 펴내다. 깎다. 새김.			
肉 3 ⑦	肝	간 **간**	〈3급2〉	肝膽相照(간담상조)	肝要(간요) 肝腸(간장)
		간. 간장. 정성. 충정.			
女 6 ⑨	姦	간사할 **간**	〈3급〉	姦計(간계) 姦婦(간부)	姦臣(간신) 姦險(간험)
		간사하다. 속임. 간음하다.			
目 4 ⑨	看	볼 **간**	〈4급〉	看病(간병) 看守(간수)	看做(간주) 看破(간파)
		보다. 바라봄. 지키다.			
門 4 ⑫	間	사이 **간**	〈7급〉	間隔(간격) 間食(간식)	間接(간접) 時間(시간)
		사이. 틈. 때. 간격.			
干 10 ⑬	幹	줄기 **간**	〈3급2〉	幹部(간부) 幹事(간사)	幹線(간선) 幹支(간지)
		줄기. 기둥. 근본. 본질.			

부수	한자	훈음	급수	단어
心 13 ⑰	懇	간절할 **간** 간절하다. 간절히. 정성.	〈3급2〉	懇曲(간곡) 懇求(간구) 懇談(간담) 懇請(간청)
竹 12 ⑱	簡	편지 **간** 편지. 글. 문서. 대쪽.	〈4급〉	簡易(간이) 簡略(간략) 簡便(간편) 書簡(서간)
水 9 ⑫	渴	목마를 **갈** 목마르다. 급하다. 물잦다.	〈3급〉	渴求(갈구) 渴急(갈급) 渴望(갈망) 渴症(갈증)
甘 0 ⑤	甘	달 **감** 달다. 맛좋다. 만족하다.	〈4급〉	甘苦(감고) 甘受(감수) 甘泉(감천) 甘草(감초)
水 9 ⑫	減	덜 **감** 덜다. 빼다. 줄다.	〈4급2〉	減價(감가) 減免(감면) 減算(감산) 加減(가감)
攴 8 ⑫	敢	감히·굳셀 **감** 감히. 감당하다. 굳세다.	〈4급〉	敢不生心(감불생심) 敢然(감연) 敢行(감행)
心 9 ⑬	感	느낄 **감** 느끼다. 깨닫다. 생각하다.	〈6급〉	感覺(감각) 感慨(감개) 感謝(감사) 感應(감응)
皿 9 ⑭	監	살필 **감** 살피다. 감독하다.	〈4급2〉	監督(감독) 監房(감방) 監視(감시) 監護(감호)

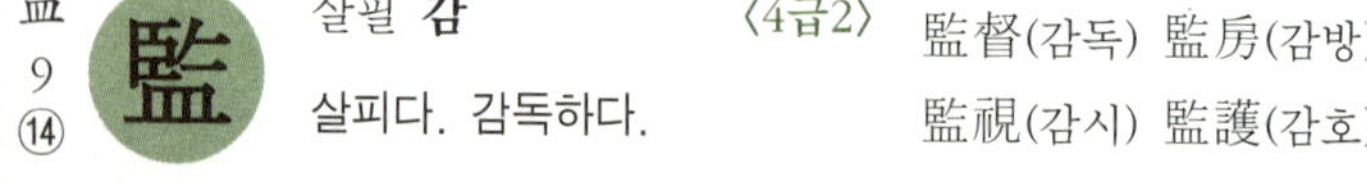

金 14 ㉒	鑑	거울 **감** 거울. 본보기. 보다.	〈3급2〉	鑑別(감별) 鑑賞(감상) 鑑定(감정) 龜鑑(귀감)
田 0 ⑤	甲	갑옷 · 등 **갑** 갑옷. 첫째 천간. 껍질.	〈4급〉	甲科(갑과) 甲兵(갑병) 甲論乙駁(갑론을박)
水 3 ⑥	江	강 · 큰내 **강** 강. 큰내. 강이름. 별이름.	〈7급〉	江心(강심) 江村(강촌) 江湖之樂(강호지락)
阝 6 ⑨	降	내릴 **강**, 항복할 **항** 내리다. 항복하다.	〈4급〉	降等(강등) 降雨(강우) 降伏(항복) 降書(항서)
刀 8 ⑩	剛	굳셀 · 강할 **강** 굳세다. 강하다.	〈3급2〉	剛健(강건) 剛勁(강경) 剛膽(강담) 剛柔(강유)
广 8 ⑪	康	편안할 **강** 편안하다. 몸이 튼튼하다.	〈4급2〉	康寧(강녕) 康保(강보) 康福(강복) 健康(건강)
弓 8 ⑪	强	단단할 **강** 단단하다. 굳세다. 힘쓰다.	〈6급〉	强軍(강군) 强壓(강압) 强弱(강약) 力强(역강)
糸 8 ⑭	綱	벼리 **강** 벼리. 근본. 대강.	〈3급2〉	綱領(강령) 綱常(강상) 紀綱(기강) 要綱(요강)

부수	한자	훈음	급수	용례
金 8 ⑯	鋼	강철 **강** 강철. 강하다.	〈3급2〉	鋼管(강관) 鋼玉(강옥) 鋼叉(강차) 鋼板(강판)
言 10 ⑰	講	익힐·강론할 **강** 익히다. 강론하다. 꾀하다.	〈4급2〉	講究(강구) 講習(강습) 講學(강학) 講和(강화)
人 2 ④	介	끼일 **개** 끼다. 소개하다. 갑옷.	〈3급2〉	介居(개거) 介意(개의) 介入(개입) 介在(개재)
攴 3 ⑦	改	고칠 **개** 고치다. 바꾸다. 바로잡다.	〈5급〉	改過遷善(개과천선) 改良(개량) 改訂(개정)
白 4 ⑨	皆	다 **개** 다. 모두. 두루 미치다.	〈3급〉	皆勤(개근) 皆納(개납) 皆動(개동) 皆是(개시)
人 8 ⑩	個	낱 **개** 낱. 한쪽.	〈4급2〉	個當(개당) 個別(개별) 個性(개성) 個體(개체)
門 4 ⑫	開	열 **개** 열다. 벌리다.	〈6급〉	開講(개강) 開發(개발) 開設(개설) 開催(개최)
艸 10 ⑭	蓋	덮을 **개** 덮다. 덮어놓다. 가리다.	〈3급2〉	蓋代(개대) 蓋世(개세) 蓋然(개연) 蓋印(개인)

부수	한자	훈음	급수	용례
心 11 ⑭	慨	슬퍼할 **개** 슬퍼하다. 분개하다.	〈3급〉	慨世(개세) 慨息(개식) 慨歎(개탄) 憤慨(분개)
木 11 ⑮	槪	대개 **개** 대개. 절개. 평미레.	〈3급2〉	槪括(개괄) 槪算(개산) 槪要(개요) 槪況(개황)
宀 6 ⑨	客	손 **객** 손님. 나그네. 여행.	〈5급〉	客觀(객관) 客氣(객기) 客窓寒燈(객창한등)
日 3 ⑦	更	다시 **갱**, 고칠 **경** 다시. 고치다. 바꾸다.	〈4급〉	更生(갱생) 更新(갱신) 更衣(경의) 更正(경정)
厶 3 ⑤	去	갈 **거** 가다. 버리다. 없애다.	〈5급〉	去來(거래) 去留(거류) 去就(거취) 除去(제거)
工 2 ⑤	巨	클 **거** 크다. 거대하다. 많다.	〈4급〉	巨家大族(거가대족) 巨山(거산) 巨匠(거장)
車 0 ⑦	車	수레 **거·차** 수레. 수레바퀴.	〈7급〉	車駕(거가) 車馬(거마) 車道(차도) 車輛(차량)
尸 5 ⑧	居	살 **거** 살다. 있다. 놓다.	〈4급〉	居留(거류) 居住(거주) 居喪(거상) 居處(거처)

手
5
⑧

拒

막을 **거** 〈4급〉

막다. 겨루다. 물리치다.

拒否(거부) 拒逆(거역)
拒戰(거전) 抗拒(항거)

足
5
⑫

距

떨어질 **거** 〈3급2〉

떨어지다. 떨어져있다.

距擊(거격) 距今(거금)
距離(거리) 距躍(거약)

手
13
⑯

據

의지할 **거** 〈4급〉

의지하다. 의거하다.

據守(거수) 據點(거점)
根據(근거) 依據(의거)

手
14
⑱

擧

들 **거** 〈5급〉

들다. 일으키다.

擧國(거국) 擧手(거수)
擧行(거행) 選擧(선거)

人
4
⑥

件

일 **건** 〈5급〉

일. 사건. 건(수 단위).

件名(건명) 件數(건수)
事件(사건) 案件(안건)

廴
6
⑨

建

세울 **건** 〈5급〉

세우다. 끼우다. 열쇠

建國(건국) 建立(건립)
建物(건물) 建設(건설)

人
9
⑪

健

굳셀 · 건강할 **건** 〈5급〉

굳세다. 건강하다.

健康(건강) 健忘(건망)
健全(건전) 健鬪(건투)

乙
10
⑪

乾

하늘 · 마를 **건 · 간** 〈3급2〉

하늘. 괘. 마르다.

乾坤一擲(건곤일척)
乾燥(건조) 乾草(건초)

부수	한자	훈음	급수	용례
乙 2 ③	乞	빌 걸 빌다. 청하다. 구걸하다.	〈3급〉	乞食(걸식) 乞盟(걸맹) 乞命(걸명) 乞言(걸언)
人 10 ⑫	傑	뛰어날 걸 뛰어나다. 훌륭하다.	〈4급〉	傑氣(걸기) 傑物(걸물) 傑作(걸작) 俊傑(준걸)
人 13 ⑮	儉	검소할 검 검소하다. 절약하다.	〈4급〉	儉朴(검박) 儉素(검소) 儉約(검약) 勤儉(근검)
刀 13 ⑮	劍	칼 검 칼. 찌르다. 죽이다.	〈3급2〉	劍客(검객) 劍舞(검무) 劍術(검술) 劍俠(검협)
木 13 ⑰	檢	조사할 검 조사하다. 검사하다.	〈4급2〉	檢問(검문) 檢閱(검열) 檢定(검정) 檢討(검토)
木 6 ⑩	格	이를 격 이르다. 격식. 그치다.	〈5급〉	格式(격식) 格調(격조) 品格(품격) 合格(합격)
阝 10 ⑬	隔	사이뜰 · 막힐 격 사이 뜨다. 막히다. 막다.	〈3급2〉	隔世之感(격세지감) 隔意(격의) 間隔(간격)
水 13 ⑯	激	과격할 격 과격하다. 부딪쳐 흐르다.	〈4급〉	激動(격동) 激流(격류) 激昂(격앙) 激增(격증)

| 手
13
⑰ | **擊** | 칠 **격**
치다. 공격하다. | 〈4급〉 | 擊鼓(격고) 擊墜(격추)
擊退(격퇴) 攻擊(공격) |

| 犬
0
④ | **犬** | 개 **견**
개. 이민족. 하찮은 것. | 〈4급〉 | 犬馬之勞(견마지로)
犬馬之齒(견마지치) |

| 見
0
⑦ | **見** | 볼 **견**, 뵐 **현**
보다. 생각. 뵈다. | 〈5급〉 | 見聞(견문) 見解(견해)
謁見(알현) 意見(의견) |

| 肉
4
⑧ | **肩** | 어깨 **견**
어깨. 이기다. 맡기다. | 〈3급〉 | 肩胛(견갑) 肩臂(견비)
肩章(견장) 比肩(비견) |

| 土
8
⑪ | **堅** | 굳을 **견**
굳다. 강건하다. | 〈4급〉 | 堅强(견강) 堅固(견고)
堅引持久(견인지구) |

| 牛
7
⑪ | **牽** | 끌 **견**
끌다. 거리끼다. 밧줄. | 〈3급〉 | 牽强(견강) 牽絲(견사)
牽引(견인) 牽制(견제) |

| 辵
10
⑭ | **遣** | 보낼 **견**
보내다. 쫓아 보내다. | 〈3급〉 | 遣歸(견귀) 遣唐(견당)
遣外(견외) 派遣(파견) |

| 糸
7
⑬ | **絹** | 비단·명주 **견**
비단. 명주. | 〈3급〉 | 絹絲(견사) 絹織(견직)
絹布(견포) 純絹(순견) |

水 4 ⑦	決	결단할·정할 **결** 〈5급〉 결단하다. 끊다. 정하다.	決裂(결렬) 決心(결심) 決然(결연) 決定(결정)
缶 4 ⑩	缺	이지러질 **결** 〈4급2〉 이지러지다. 깨어지다. 흠.	缺勤(결근) 缺損(결손) 缺食(결식) 缺員(결원)
糸 6 ⑫	結	맺을 **결** 〈5급〉 맺다. 매듭. 바로잡다.	結果(결과) 結局(결국) 結者解之(결자해지)
水 12 ⑮	潔	깨끗할 **결** 〈4급2〉 깨끗하다. 조촐하다. 맑다.	潔廉(결렴) 潔白(결백) 簡潔(간결) 純潔(순결)
八 8 ⑩	兼	겸할 **겸** 〈3급2〉 겸하다. 아우르다.	兼備(겸비) 兼愛(겸애) 兼用(겸용) 兼職(겸직)
言 10 ⑰	謙	겸손할 **겸** 〈3급2〉 겸손하다. 사양하다.	謙敬(겸경) 謙遜(겸손) 謙讓(겸양) 謙虛(겸허)
亠 6 ⑧	京	서울 **경** 〈6급〉 서울. 크다. 높다.	京城(경성) 京鄕(경향) 歸京(귀경) 上京(상경)
广 5 ⑧	庚	일곱째천간 **경** 〈3급〉 일곱째 천간. 나이. 길. 별이름.	庚申(경신) 庚熱(경열) 庚炎(경염) 同庚(동경)

부수	한자	훈음	급수	한자어	한자어
彳 7 ⑩	徑	지름길 **경** 지름길. 지름. 곧다.	〈3급2〉	徑道(경도) 徑行(경행)	半徑(반경) 捷徑(첩경)
耒 4 ⑩	耕	밭갈 **경** 논밭 갈다. 힘쓰다.	〈3급2〉	耕馬(경마) 耕田(경전)	耕作(경작) 耕種(경종)
立 6 ⑪	竟	마침내·끝날 **경** 마침내. 끝나다. 끝. 형.	〈3급〉	竟夕(경석) 竟日(경일)	竟夜(경야) 畢竟(필경)
頁 2 ⑪	頃	잠깐 **경** 잠깐. 잠시. 밭 넓이.	〈3급2〉	頃刻(경각) 頃耳(경이)	頃畝(경묘) 少頃(소경)
日 8 ⑫	景	빛·볕 **경** 빛. 해. 경치. 크다. 그림자.	〈5급〉	景觀(경관) 景致(경치)	景福(경복) 風景(풍경)
卩 10 ⑫	卿	벼슬 **경** 벼슬. 남의 높임말.	〈3급〉	卿等(경등) 卿相(경상) 卿士大夫(경사대부)	
石 7 ⑫	硬	굳을·단단할 **경** 굳다. 단단하다. 강하다.	〈3급2〉	硬骨(경골) 硬化(경화)	硬貨(경화) 强硬(강경)
攴 9 ⑬	敬	공경할 **경** 공경하다. 삼가다.	〈5급〉	敬虔(경건) 敬語(경어)	敬老(경로) 尊敬(존경)

人 11 ⑬	傾	기울여질 **경** 기울어지다. 위태롭다.	〈4급〉	傾國之色(경국지색) 傾斜(경사) 傾向(경향)
糸 7 ⑬	經	날·지낼 **경** 날. 경서. 지나가다.	〈4급2〉	經過(경과) 經理(경리) 經營(경영) 經驗(경험)
土 11 ⑭	境	지경 **경** 지경. 형편. 경계. 경우. 곳.	〈4급2〉	境界(경계) 境內(경내) 國境(국경) 地境(지경)
車 7 ⑭	輕	가벼울 **경** 가볍다. 경솔하다.	〈5급〉	輕車(경거) 輕健(경건) 輕薄(경박) 輕重(경중)
广 11 ⑮	慶	경사 **경** 경사. 경사스럽다.	〈4급2〉	慶福(경복) 慶事(경사) 慶宴(경연) 慶祝(경축)
金 11 ⑲	鏡	거울 **경** 거울. 안경. 본보기.	〈4급〉	鏡臺(경대) 鏡淨(경정) 銅鏡(동경) 破鏡(파경)
立 15 ⑳	競	다툴 **경** 다투다. 경쟁하다.	〈5급〉	競技(경기) 競爭(경쟁) 競走(경주) 競逐(경축)
言 13 ⑳	警	경계할 **경** 경계하다. 놀라다.	〈4급2〉	警覺(경각) 警戒(경계) 警句(경구) 警察(경찰)

馬 13 ㉓	驚	놀랄 **경** 놀라다. 놀램. 빠르다.	〈4급〉	驚倒(경도) 驚愕(경악) 驚異(경이) 驚歎(경탄)
戈 3 ⑦	戒	경계할 **계** 경계하다. 삼가다. 훈계.	〈4급〉	戒告(계고) 戒懼(계구) 戒名(계명) 戒律(계율)
糸 1 ⑦	系	이을 **계** 잇다. 실마리. 혈통. 계보.	〈4급〉	系譜(계보) 系孫(계손) 系列(계열) 家系(가계)
子 5 ⑧	季	끝·철 **계** 끝. 막내. 철. 말년.	〈4급〉	季刊(계간) 季節(계절) 孟仲叔季(맹중숙계)
人 7 ⑨	係	맬 **계** 매다. 연결. 관계되다.	〈4급2〉	係戀(계련) 係累(계루) 係着(계착) 關係(관계)
大 6 ⑨	契	맺을 **계**, 맺다. 애쓰다. 나라이름.	〈3급2〉	契機(계기) 契刀(계도) 契約(계약) 契舟(계주)
田 4 ⑨	界	지경 **계** 지경. 범위. 한계.	〈4급2〉	界面調(계면조) 界標(계표) 界限(계한)
癶 4 ⑨	癸	열째천간 **계** 열째 천간. 월경. 북방.	〈3급〉	癸方(계방) 癸水(계수) 癸丑(계축) 天癸(천계)

言 2 ⑨	計	셀·꾀 **계**	〈6급〉	計巧(계교) 計量(계량) 計算(계산) 合計(합계)
		세다. 산법. 회계. 꾀.		
木 6 ⑩	桂	계수나무 **계**	〈3급2〉	桂樹(계수) 桂秋(계추) 月桂冠(월계관)
		계수나무. 월계수. 달(月).		
口 8 ⑪	啓	열 **계**	〈3급2〉	啓告(계고) 啓發(계발) 啓蒙(계몽) 啓示(계시)
		열다. 인도하다.		
木 7 ⑪	械	기계 **계**	〈3급2〉	械繫(계계) 械梏(계곡) 機械(기계) 器械(기계)
		기계. 기구. 틀.		
阝 9 ⑫	階	섬돌 **계**	〈4급〉	階級(계급) 階乘(계승) 階除(계제) 階層(계층)
		섬돌. 사다리. 벼슬.		
水 10 ⑬	溪	시내 **계**	〈3급2〉	溪谷(계곡) 溪流(계류) 溪水(계수) 碧溪(벽계)
		시내. 산골짜기.		
糸 13 ⑲	繫	맬 **계**	〈3급〉	繫累(계루) 繫留(계류) 繫索(계삭) 繫蟄(계칩)
		매다. 묶다. 얽다.		
糸 14 ⑳	繼	이을 **계**	〈4급〉	繼續(계속) 繼承(계승) 繼泳(계영) 繼統(계통)
		잇다. 계승하다. 후계.		

| 鳥
10
㉑ | 鷄 | 닭 **계** 〈4급〉
닭. | 鷄犬相聞(계견상문)
鷄鳴(계명) 鷄湯(계탕) |

| 口
2
⑤ | 古 | 옛 **고** 〈6급〉
예전. 선조. 오래되다. | 東西古今(동서고금)
古典文學(고전문학) |

| 老
2
⑥ | 考 | 상고할 **고** 〈5급〉
상고하다. 생각하다. 죽은 아비. | 考古(고고) 考慮(고려)
考察(고찰) 參考(참고) |

| 口
4
⑦ | 告 | 알릴 **고** 〈5급〉
알리다. 고하다. 청하다. | 告命(고명) 告白(고백)
告別(고별) 告祀(고사) |

| 口
5
⑧ | 固 | 굳을 **고** 〈5급〉
굳다. 단단하다. 쇠퇴하다. | 固所願(고소원)
固有(고유) 固定(고정) |

| 女
5
⑧ | 姑 | 시어미 **고** 〈3급2〉
시어머니. 고모. 잠시. | 姑母(고모) 姑婦(고부)
姑息之計(고식지계) |

| 子
5
⑧ | 孤 | 외로울 **고** 〈4급〉
외롭다. 고아. 홀로. 멀다. | 孤軍奮鬪(고군분투)
孤兒(고아) 孤獨(고독) |

| 艸
5
⑨ | 苦 | 괴로울 **고** 〈6급〉
괴롭다. 쓰다. 간절하다. | 苦盡甘來(고진감래)
苦生(고생) 刻苦(각고) |

木 5 ⑨	枯	마를 **고** 〈3급〉 마르다. 야위다. 죽다.	枯渴(고갈) 枯木(고목) 枯楊生華(고양생화)
攴 5 ⑨	故	예 · 연고 **고** 〈4급2〉 옛. 연고. 예로부터.	故國(고국) 故意(고의) 故事成語(고사성어)
广 7 ⑩	庫	곳집 **고** 〈4급〉 곳집. 창고. 무기고.	庫房(고방) 庫直(고직) 書庫(서고) 倉庫(창고)
高 0 ⑩	高	높을 · 성 **고** 〈6급〉 높다. 위. 비싸다. 성씨.	高官(고관) 高度(고도) 高等學校(고등학교)
鼓 0 ⑬	鼓	북 **고** 〈3급〉 북. 북치다. 부추기다.	鼓動(고동) 鼓舞(고무) 鼓腹擊壤(고복격양)
禾 10 ⑮	稿	볏짚 **고** 〈3급2〉 볏짚. 원고. 초안.	稿料(고료) 稿本(고본) 原稿(원고) 草稿(초고)
頁 12 ㉑	顧	돌아볼 **고** 〈3급〉 돌아보다. 돌보다.	顧客(고객) 顧慮(고려) 顧問(고문) 顧思(고사)
曰 2 ⑥	曲	굽을 **곡** 〈5급〉 굽다. 자세하다. 구석. 가락	曲線美(곡선미) 曲折(곡절) 曲調(곡조)

谷 0 ⑦	**谷**	골 **곡** 골. 골짜기. 기르다. 길.	〈3급2〉	谷澗(곡간) 谷水(곡수) 谷泉(곡천) 溪谷(계곡)
口 7 ⑩	**哭**	울 **곡** 울다. 곡하다.	〈3급2〉	哭聲(곡성) 痛哭(통곡) 慟哭(통곡) 號哭(호곡)
禾 10 ⑮	**穀**	곡식 **곡** 곡식. 양식. 좋다.	〈4급〉	穀類(곡류) 穀食(곡식) 穀倉(곡창) 糧穀(양곡)
口 4 ⑦	**困**	곤할 **곤** 곤하다. 어렵다. 가난하다.	〈4급〉	困境(곤경) 困難(곤란) 困惑(곤혹) 疲困(피곤)
土 5 ⑧	**坤**	땅 · 곤괘 **곤** 땅. 괘(卦)이름. 황후.	〈3급〉	坤卦(곤괘) 坤德(곤덕) 坤殿(곤전) 乾坤(건곤)
骨 0 ⑩	**骨**	뼈 **골** 뼈. 몸. 옛그릇.	〈4급〉	骨幹(골간) 骨格(골격) 骨彫(골조) 骨痛(골통)
工 0 ③	**工**	장인 · 만들 **공** 장인. 일. 만들다. 만드는 일.	〈7급〉	工具(공구) 工業(공업) 工藝(공예) 工場(공장)
八 2 ④	**公**	공변될 **공** 공변되다. 관청. 존칭어.	〈6급〉	公告(공고) 公用(공용) 公衆道德(공중도덕)

子 1 ④	孔	구멍 **공** 〈4급〉 구멍. 매우. 헛되다. 공자.	孔道(공도) 孔門(공문) 孔子(공자) 瞳孔(동공)
力 3 ⑤	功	공 **공** 〈6급〉 공. 공로. 공치사. 일. 명예.	功德(공덕) 功勞(공로) 功名(공명) 功勳(공훈)
八 4 ⑥	共	함께 **공** 〈6급〉 함께. 공손하다. 맞다.	共感(공감) 共同(공동) 共犯(공범) 共通(공통)
攴 3 ⑦	攻	칠 **공** 〈4급2〉 치다. 공격하다. 다스리다.	攻擊(공격) 攻略(공략) 攻伐(공벌) 攻守(공수)
人 6 ⑧	供	이바지할 **공** 〈3급2〉 이바지하다. 바치다.	供給(공급) 供水(공수) 供養(공양) 供託(공탁)
宀 3 ⑧	空	빌 · 하늘 **공** 〈7급〉 비다. 하늘. 헛되다.	空間(공간) 空氣(공기) 空洞(공동) 虛空(허공)
心 6 ⑩	恭	공손할 **공** 〈3급2〉 공손하다. 공경하다.	恭敬(공경) 恭待(공대) 恭遜(공손) 恭祝(공축)
心 6 ⑩	恐	두려울 · 아마 **공** 〈3급2〉 두렵다. 으르다. 아마.	恐喝(공갈) 恐縮(공축) 恐怖(공포) 恐慌(공황)

貝 3 ⑩	貢	바칠 **공** 바치다. 천거하다.	〈3급2〉	貢納(공납) 貢物(공물) 貢租(공조) 貢獻(공헌)
木 4 ⑧	果	과실 **과** 열매. 굳세다. 과연.	〈6급〉	果敢(과감) 果實(과실) 果然(과연) 果汁(과즙)
禾 4 ⑨	科	과정 **과** 과정. 품등. 규정. 과거.	〈6급〉	科擧(과거) 科目(과목) 科場(과장) 科題(과제)
辵 9 ⑬	過	지날·허물 **과** 지나다. 들르다. 허물.	〈5급〉	過客(과객) 過誤(과오) 過猶不及(과유불급)
言 6 ⑬	誇	자랑할 **과** 자랑하다. 과장하다.	〈3급2〉	誇多(과다) 誇大(과대) 誇示(과시) 誇張(과장)
宀 11 ⑭	寡	적을 **과** 적다. 약하다. 과부.	〈3급2〉	寡黙(과묵) 寡聞(과문) 寡婦(과부) 寡慾(과욕)
言 8 ⑮	課	과목·매길 **과** 과목. 매기다. 일. 과정.	〈5급〉	課稅(과세) 課業(과업) 課程(과정) 課題(과제)
邑 8 ⑪	郭	외성 **곽** 외성(外城). 성곽. 둘레.	〈3급〉	郭田(곽전) 城郭(성곽) 外郭(외곽) 輪郭(윤곽)

부수	한자	훈·음	급수	뜻	예
宀 5 ⑧	官	벼슬 **관**	〈4급2〉	벼슬. 관청. 기관. 관능.	官界(관계) 官吏(관리) 官報(관보) 官舍(관사)
冖 7 ⑨	冠	갓·관례 **관**	〈3급2〉	갓. 관. 벗. 관례. 으뜸.	冠禮(관례) 冠絶(관절) 冠婚喪祭(관혼상제)
貝 4 ⑪	貫	꿸 **관**	〈3급2〉	꿰다. 본관. 통하다.	貫流(관류) 貫徹(관철) 貫通(관통) 洞貫(통관)
心 11 ⑭	慣	익숙할 **관**	〈3급2〉	익숙하다. 버릇.	慣例(관례) 慣習(관습) 慣用(관용) 慣行(관행)
竹 8 ⑭	管	대롱 **관**	〈4급〉	대롱. 피리. 맡다. 다스림.	管理(관리) 管掌(관장) 管樂器(관악기)
宀 12 ⑮	寬	너그러울 **관**	〈3급2〉	너그럽다. 용서하다.	寬大(관대) 寬容(관용) 寬仁大度(관인대도)
食 8 ⑰	館	객사·집 **관**	〈3급2〉	객사. 건물. 유숙함. 집.	館舍(관사) 館儒(관유) 開館(개관) 公館(공관)
門 11 ⑲	關	관계할·빗장 **관**	〈5급〉	관계하다. 빗장. 닫다.	關鍵(관건) 關係(관계) 關聯(관련) 關心(관심)

見
18
㉕

觀

볼 **관** 〈5급〉

보다. 생각. 유람하다.

觀客(관객) 觀光(관광)
觀念(관념) 觀望(관망)

儿
4
⑥

光

빛 **광** 〈6급〉

빛. 빛나다. 윤기. 경치.

光景(광경) 光明(광명)
光線(광선) 光陰(광음)

犭
4
⑦

狂

미칠 **광** 〈3급2〉

미치다. 미치광이. 가다.

狂亂(광란) 狂奔(광분)
狂暴(광포) 發狂(발광)

广
12
⑮

廣

넓을 · 넓이 **광** 〈5급〉

넓다. 널리. 넓이.

廣告(광고) 廣大(광대)
廣域(광역) 廣場(광장)

金
15
㉓

鑛

쇳돌 **광** 〈4급〉

쇳돌. 광석.

鑛口(광구) 鑛物(광물)
鑛石(광석) 鑛業(광업)

手
8
⑪

掛

걸 **괘** 〈3급2〉

걸다. 걸쳐놓음.

掛念(괘념) 掛圖(괘도)
掛曆(괘력) 卦鐘(괘종)

心
5
⑧

怪

괴이할 **괴** 〈3급2〉

괴이하다. 기이하다. 괴물.

怪談(괴담) 怪物(괴물)
怪異(괴이) 怪漢(괴한)

心
10
⑬

愧

부끄러워할 **괴** 〈3급〉

부끄러워하다. 창피를 주다.

愧服(괴복) 愧死(괴사)
愧色(괴색) 羞愧(수괴)

土 10 ⑬	**塊**	흙덩이 **괴** 〈3급〉 흙덩이. 덩어리.	塊莖(괴경) 塊根(괴근) 塊狀(괴상) 血塊(혈괴)
土 16 ⑲	**壞**	무너질 **괴** 〈3급2〉 무너뜨리다. 무너지다.	壞滅(괴멸) 壞裂(괴열) 崩壞(붕괴) 破壞(파괴)
工 2 ⑤	**巧**	공교할 **교** 〈3급2〉 공교하다. 교묘하다. 예쁘다.	巧妙(교묘) 精巧(정교) 巧言令色(교언영색)
亠 4 ⑥	**交**	사귈 **교** 〈6급〉 사귀다. 엇갈리다. 오가다.	交感(교감) 交代(교대) 交流(교류) 交換(교환)
阝 6 ⑨	**郊**	들 **교** 〈3급〉 들. 국경. 성 밖. 시골. 끝.	郊送(교송) 郊野(교야) 郊外(교외) 近郊(근교)
木 6 ⑩	**校**	학교·본받을 **교** 〈8급〉 학교. 본받다. 가르치다.	校歌(교가) 校友(교우) 校訓(교훈) 將校(장교)
攴 7 ⑪	**敎**	가르칠 **교** 〈8급〉 가르치다. 종교.	敎師(교사) 敎示(교시) 敎育(교육) 下敎(하교)
車 6 ⑬	**較**	비교할 **교** 〈3급2〉 비교하다. 견주다.	較量(교량) 較然(교연) 計較(계교) 比較(비교)

木 12 ⑯	橋	다리·굳셀 **교** 〈5급〉 다리. 어그러짐. 굳세다.	橋脚(교각) 橋梁(교량) 架橋(가교)
矢 12 ⑰	矯	바로잡을 **교** 〈3급〉 바로잡다. 속이다.	矯角殺牛(교각살우) 矯正(교정) 矯導(교도)
乙 1 ②	九	아홉 **구** 〈8급〉 아홉. 아홉 번. 많다.	九死一生(구사일생) 九牛一毛(구우일모)
口 0 ③	口	입·말할 **구** 〈7급〉 입. 말하다. 어귀. 인구.	口腔(구강) 口頭(구두) 口實(구실) 食口(식구)
ノ 2 ③	久	오랠 **구** 〈3급2〉 오래다. 기다리다. 막다.	久故(구고) 久遠(구원) 永久(영구) 恒久(항구)
一 4 ⑤	丘	언덕 **구** 〈3급2〉 언덕. 산. 무덤.	丘陵(구릉) 丘墓(구묘) 丘園(구원) 砂丘(사구)
口 2 ⑤	句	글귀 **구** 〈4급2〉 글귀. 구절. 굽다. 거리끼다.	句節(구절) 句讀(구두) 金句(금구) 語句(어구)
水 2 ⑦	求	구할 **구** 〈4급2〉 구하다. 빌다. 청하다.	求乞(구걸) 求道(구도) 求愛(구애) 求職(구직)

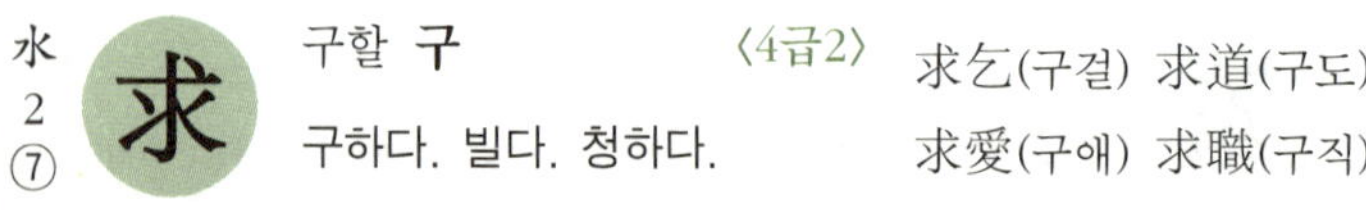

穴 2 ⑦	究	궁구할 **구** 궁구하다. 끝. 다하다.	〈4급2〉	究明(구명) 探究(탐구) 村學究(촌학구)
八 6 ⑧	具	갖출 **구** 갖추다. 그릇. 함께.	〈5급〉	具格(구격) 具備(구비) 具色(구색) 器具(기구)
手 5 ⑧	拘	잡을·안을 **구** 잡다. 거리끼다. 안다.	〈3급2〉	拘禁(구금) 拘束(구속) 拘引(구인) 拘置(구치)
犭 5 ⑧	狗	개 **구** 개. 강아지. 범 새끼.	〈3급〉	狗盜(구도) 狗肉(구육) 老狗(노구) 走狗(주구)
艸 5 ⑨	苟	구차할·진실로 **구** 구차하다. 진실로. 겨우.	〈3급〉	苟生(구생) 苟安(구안) 苟且(구차) 苟活(구활)
人 8 ⑩	俱	함께 **구** 함께. 동반. 다. 갖추다.	〈3급〉	俱慶(구경) 俱發(구발) 具備(구비) 俱現(구현)
匸 9 ⑪	區	구역 **구** 구역. 나누다. 거처.	〈6급〉	區間(구간) 區內(구내) 區別(구별) 區分(구분)
玉 7 ⑪	球	둥글·구슬 **구** 둥글다. 공. 구슬.	〈6급〉	球莖(구경) 球技(구기) 球場(구장) 球形(구형)

攵 7 ⑪	救	구원할 **구** 구원하다. 도움. 건지다. 막다.	〈5급〉	救急(구급) 救援(구원) 救助(구조) 救護(구호)
木 10 ⑭	構	얽을 **구** 얽다. 맺다. 집.	〈4급〉	構圖(구도) 構想(구상) 構成(구성) 構造(구조)
白 12 ⑱	舊	옛 **구** 옛날. 묵다. 오래다.	〈5급〉	舊面(구면) 舊習(구습) 復舊(복구) 新舊(신구)
心 18 ㉑	懼	두려워할 **구** 두려워하다. 겁내다.	〈3급〉	懼然(구연) 懼喘(구천) 恐懼(공구) 畏懼(외구)
馬 11 ㉑	驅	몰 **구** 몰다. 쫓아 보내다.	〈3급〉	驅迫(구박) 驅步(구보) 驅逐(구축) 競驅(경구)
尸 4 ⑦	局	판·관청 **국** 판. 관청. 사태. 부분.	〈5급〉	局面(국면) 局地(국지) 局限(국한) 結局(결국)
口 8 ⑪	國	나라 **국** 나라. 고향. 도읍.	〈8급〉	國家(국가) 國歌(국가) 國民(국민) 國政(국정)
艸 8 ⑫	菊	국화 **국** 국화. 대국(大菊).	〈3급2〉	菊月(국월) 菊版(국판) 菊花(국화) 霜菊(상국)

口 4 ⑦	君	임금 **군** 〈4급〉 임금. 남편. 그대. 현자.	君臣有義(군신유의) 君子(군자) 君主(군주)
車 2 ⑨	軍	군사·진칠 **군** 〈8급〉 군사. 진(陣)치다.	軍納(군납) 軍隊(군대) 軍事(군사) 行軍(행군)
阝 7 ⑩	郡	고을 **군** 〈6급〉 고을. 관서의 하나. 군청.	郡界(군계) 郡內(군내) 郡民(군민) 郡守(군수)
羊 7 ⑬	群	무리 **군** 〈4급〉 무리. 동아리. 부류. 많음.	群鷄一鶴(군계일학) 群黨(군당) 群島(군도)
尸 5 ⑧	屈	굽을 **굴** 〈4급〉 굽다. 굽히다. 굳세다.	屈巾(굴건) 屈曲(굴곡) 屈伏(굴복) 屈身(굴신)
弓 0 ③	弓	활 **궁** 〈3급2〉 활. 궁술. 길이의 단위.	弓術(궁술) 弓矢(궁시) 國弓(국궁) 洋弓(양궁)
宀 7 ⑩	宮	집 **궁** 〈4급2〉 집. 궁궐. 널. 후궁.	宮女(궁녀) 宮合(궁합) 宮刑(궁형) 東宮(동궁)
穴 10 ⑮	窮	다할 **궁** 〈4급〉 다하다. 궁하다. 빈곤.	窮極(궁극) 窮理(궁리) 窮乏(궁핍) 無窮(무궁)

부수	한자	훈음	급수	용례
刀 6 ⑧	券	문서 **권** 문서. 증권. 어음쪽.	〈4급〉	券帖(권첩) 證券(증권) 割引券(할인권)
卩 6 ⑧	卷	책 **권** 책. 두루마리. 말다.	〈4급〉	卷頭(권두) 卷末(권말) 卷帙(권질) 壓卷(압권)
手 6 ⑩	拳	주먹 **권** 주먹. 주먹 쥐다. 힘. 권법.	〈3급2〉	拳曲(권곡) 拳鬪(권투) 拳法(권법) 拳銃(권총)
力 18 ⑳	勸	권할 **권** 권하다. 힘쓰다.	〈4급〉	勸告(권고) 勸勉(권면) 勸奬(권장) 勸酒(권주)
木 18 ㉒	權	권세 **권** 권세. 방편. 저울.	〈4급2〉	權能(권능) 權利(권리) 權謀術數(권모술수)
厂 10 ⑫	厥	그·숙일 **궐** 그것. 숙이다. 오랑캐이름.	〈3급〉	厥角(궐각) 厥者(궐자) 厥後(궐후)
車 2 ⑨	軌	바퀴굴대 **궤** 바퀴굴대. 길. 바퀴 사이.	〈3급〉	軌道(궤도) 軌範(궤범) 軌跡(궤적) 常軌(상궤)
鬼 0 ⑩	鬼	귀신 **귀** 귀신. 도깨비. 지혜롭다.	〈3급2〉	鬼神(귀신) 鬼才(귀재) 鬼火(귀화)

貝 5 ⑫	**貴**	귀할 **귀** 귀하다. 존경함.	〈5급〉	貴賓(귀빈) 貴重(귀중) 貴賤(귀천) 貴下(귀하)
龜 0 ⑯	**龜**	거북 **귀**, 틀 **균**, 이름 **구**	〈3급〉	龜鑑(귀감) 龜甲(귀갑) 龜裂(균열)
止 14 ⑱	**歸**	돌아갈 **귀** 돌아가다. 붙좇다.	〈4급〉	歸家(귀가) 歸結(귀결) 歸順(귀순) 歸依(귀의)
口 2 ⑤	**叫**	부르짖을 **규** 부르짖다. 부르다. 울다.	〈3급〉	叫聲(규성) 叫彈(규탄) 叫號(규호) 絶叫(절규)
糸 2 ⑧	**糾**	얽힐 · 살필 **규** 얽히다. 꼬다. 모으다.	〈3급〉	糾明(규명) 糾察(규찰) 糾合(규합) 紛糾(분규)
見 4 ⑪	**規**	법 **규** 법. 모범. 바로잡다.	〈5급〉	規格(규격) 規律(규율) 規定(규정) 規則(규칙)
土 4 ⑦	**均**	고를 **균** 고르다. 가꾸다. 도량.	〈4급〉	均等(균등) 均分(균분) 均霑(균점) 均衡(균형)
艸 8 ⑫	**菌**	버섯 · 곰팡이 **균** 버섯. 곰팡이. 세균.	〈3급2〉	菌根(균근) 菌類(균류) 菌腫(균종) 細菌(세균)

부수	한자	훈음	급수	용례
儿 5 ⑦	克	이길 **극** 이기다. 능하다. 메다.	〈3급2〉	克己(극기) 克明(극명) 克服(극복) 超克(초극)
木 9 ⑬	極	지극할 **극** 지극하다. 다하다. 끝.	〈4급2〉	極盛(극성) 極端(극단) 極樂(극락) 登極(등극)
刀 13 ⑮	劇	심할 **극** 심하다. 연극.	〈4급〉	劇壇(극단) 劇甚(극심) 劇作(극작) 演劇(연극)
斤 0 ④	斤	근 **근** 도끼. 근. 베다. 밝게 살핌.	〈3급〉	斤量(근량) 斤斧(근부) 斤數(근수) 斤重(근중)
辵 4 ⑧	近	가까울 **근** 가깝다. 근처. 요사이.	〈6급〉	近刊(근간) 近隣(근린) 近視(근시) 近接(근접)
木 6 ⑩	根	뿌리 **근** 뿌리. 근본. 시작하다.	〈6급〉	根幹(근간) 根本(근본) 根源(근원) 根性(근성)
竹 6 ⑫	筋	힘줄 **근** 힘줄. 힘. 체력.	〈4급〉	筋骨(근골) 筋力(근력) 筋肉(근육)
人 11 ⑬	僅	겨우 **근** 겨우. 간신히. 조금.	〈3급〉	僅僅(근근) 僅少(근소) 僅僅扶持(근근부지)

力 11 ⑬	勤	부지런할 **근** 부지런하다. 일. 직무. 힘쓰다.	〈3급〉	勤勞(근로) 勤務(근무) 勤勉(근면) 勤學(근학)
言 11 ⑱	謹	삼갈 **근** 삼가다. 공경하다.	〈3급〉	謹拜(근배) 謹愼(근신) 謹嚴(근엄) 謹呈(근정)
人 2 ④	今	이제 **금** 이제. 곧. 만일. 이에.	〈6급〉	今明(금명) 今方(금방) 今昔(금석) 昨今(작금)
金 0 ⑧	金	쇠 **금**, 성 **김** 금. 돈. 황금색. 성씨.	〈8급〉	金剛(금강) 今明(금명) 今方(금방) 昨今(작금)
玉 8 ⑫	琴	거문고 **금** 거문고. 성(姓).	〈3급2〉	琴線(금선) 琴瑟(금슬) 琴瑟之樂(금실지락)
示 8 ⑬	禁	금할 **금** 금하다. 꺼리다. 규칙.	〈4급2〉	禁錮(금고) 禁忌(금기) 禁煙(금연) 禁足(금족)
内 8 ⑬	禽	날짐승 **금** 날짐승. 짐승. 사로잡다.	〈3급2〉	禽獸(금수) 禽鳥(금조) 家禽(가금) 野禽(야금)
金 8 ⑯	錦	비단 **금** 비단. 아름답다.	〈3급2〉	錦上添花(금상첨화) 錦繡(금수) 錦貝(금패)

부수	한자	훈음	급수	용례
又 2 ④	及	미칠 **급** 미치다. 이르다. 및.	〈3급2〉	及其也(급기야) 及第(급제) 及落(급락)
心 5 ⑨	急	급할 **급** 급하다. 중요하다. 빠르다.	〈6급〉	急激(급격) 急報(급보) 急行(급행) 躁急(조급)
糸 4 ⑩	級	등급·층계 **급** 등급. 층계. 수급(적군의 목).	〈6급〉	級數(급수) 級友(급우) 等級(등급)
糸 6 ⑫	給	줄 **급** 주다. 대다. 넉넉하다.	〈5급〉	給料(급료) 給水(급수) 給食(급식) 給與(급여)
肉 4 ⑧	肯	즐길 **긍** 즐기다. 기꺼이. 수긍하다.	〈3급〉	肯構(긍구) 肯諾(긍낙) 肯定(긍정)
己 0 ③	己	몸·천간 **기** 몸. 자기. 천간의 여섯째.	〈5급〉	己未(기미) 自己(자기) 知彼知己(지피지기)
人 4 ⑥	企	꾀할 **기** 꾀함. 도모함. 발돋움.	〈3급2〉	企待(기대) 企圖(기도) 企業(기업) 企劃(기획)
心 3 ⑦	忌	꺼릴 **기** 꺼리다. 싫어하다. 기일.	〈3급〉	忌日(기일) 忌祭(기제) 忌避(기피) 禁忌(금기)

手 4 ⑦	**技**	재주 **기** 　　　　　　〈5급〉 재주. 재능. 헤아리다.	技巧(기교)　技能(기능) 技術(기술)　特技(특기)
水 4 ⑦	**汽**	김 **기** 　　　　　　〈5급〉 김. 증기. 수증기.	汽船(기선)　汽笛(기적) 汽車(기차)
八 6 ⑧	**其**	그 **기** 　　　　　　〈3급2〉 그. 그것. 어조사. 발어사.	其間(기간)　其他(기타) 其然未然(기연미연)
大 5 ⑧	**奇**	기이할 · 홀수 **기** 　　〈4급〉 기이하다. 뛰어나다. 홀수.	奇骨(기골)　奇妙(기묘) 奇癖(기벽)　奇異(기이)
示 4 ⑨	**祈**	빌 **기** 　　　　　　〈3급2〉 빌다. 구하다. 고하다.	祈求(기구)　祈禱(기도) 祈雨(기우)　祈願(기원)
糸 3 ⑨	**紀**	벼리 **기** 　　　　　〈4급〉 벼리. 기강. 기록함.	紀綱(기강)　紀念(기념) 紀律(기율)　紀行(기행)
气 6 ⑩	**氣**	기운 **기** 　　　　　〈7급〉 기운. 숨. 절기. 성질.	氣槪(기개)　氣象(기상) 氣運(기운)　氣絶(기절)
言 3 ⑩	**記**	적을 · 기록할 **기** 　〈7급〉 적다. 기록하다. 기억. 문서.	記念(기념)　記錄(기록) 記憶(기억)　記者(기자)

豆 3 ⑩	豈	어찌 **기** 〈3급〉 어찌. 일찍이. 즐기다.	豈敢(기감) 豈不(기불)
走 3 ⑩	起	일어날 **기** 〈4급2〉 일어나다. 시작.	起居(기거) 起動(기동) 起死回生(기사회생)
土 8 ⑪	基	터 **기** 〈5급〉 터. 토대. 기초. 도모하다.	基盤(기반) 基本(기본) 基準(기준) 基礎(기초)
食 2 ⑪	飢	주릴 **기** 〈3급〉 주리다. 굶주리다. 흉년.	飢渴(기갈) 飢餓(기아) 飢饉(기근) 飢寒(기한)
宀 8 ⑪	寄	부칠 **기** 〈4급〉 부치다. 맡기다. 부쳐 살다.	寄稿(기고) 寄附(기부) 寄生(기생) 寄宿(기숙)
无 7 ⑪	旣	이미 **기** 〈3급〉 이미. 본디. 이윽고.	旣決(기결) 旣成(기성) 旣往(기왕) 旣定(기정)
木 8 ⑫	棄	버릴 **기** 〈3급〉 버리다. 그만두다. 떠나다.	棄却(기각) 棄權(기권) 棄兒(기아) 廢棄(폐기)
幺 9 ⑫	幾	얼마·몇 **기** 〈3급〉 얼마. 몇. 기미. 거의.	幾年(기년) 幾微(기미) 幾日(기일) 幾何(기하)

| 欠
8
⑫ | 欺 | 속일 **기** 〈3급〉
속이다. 조롱하다. | 欺瞞(기만) 欺罔(기망)
欺心(기심) 詐欺(사기) |

| 月
4
⑫ | 期 | 기약할·만날 **기** 〈5급〉
기약하다. 만나다. 약속함. | 期間(기간) 期待(기대)
期約(기약) 期限(기한) |

| 方
10
⑭ | 旗 | 기·표 **기** 〈7급〉
기. 장수기. 표. 표지. 군대. | 旗手(기수) 旗幅(기폭)
旗幟(기치) 國旗(국기) |

| 田
10
⑮ | 畿 | 경기 **기** 〈3급2〉
경기. 서울. 경계. 지역. | 畿湖地方(기호지방)
京畿(경기) 近畿(근기) |

| 口
13
⑯ | 器 | 그릇 **기** 〈4급2〉
그릇. 재능. 도량. 도구. | 器官(기관) 器量(기량)
器物(기물) 器材(기재) |

| 木
12
⑯ | 機 | 베틀 **기** 〈4급〉
베틀(틀). 조짐. 때. | 機關(기관) 機能(기능)
機密(기밀) 機會(기회) |

| 馬
8
⑱ | 騎 | 말탈·기병 **기** 〈3급2〉
말 타다. 기병. 기마. | 騎馬(기마) 騎兵(기병)
騎士(기사) 騎手(기수) |

| 糸
8
⑭ | 繁 | 긴요할 **긴** 〈3급2〉
요긴하다. 긴밀하다. 줄. | 繁急(긴급) 繁談(긴담)
繁密(긴밀) 繁迫(긴박) |

부수	한자	훈음	급수	용례
口 3 ⑥	吉	길할 **길** 길하다. 좋다. 예식.	〈5급〉	吉相(길상) 吉祥(길상) 吉夢(길몽) 吉凶(길흉)
阝 4 ⑦	那	어찌 · 저 **나** 어찌. 어느. 어떤. 많다. 저.	〈3급〉	那間(나간) 那落(나락) 那事(나사) 刹那(찰나)
言 9 ⑯	諾	대답할 **낙** 대답하다. 승낙하다.	〈3급2〉	諾否(낙부) 諾意(낙의) 承諾(승낙) 許諾(허락)
日 9 ⑬	暖	따뜻할 **난** 따뜻하다. 부드럽다.	〈4급2〉	暖流(난류) 暖房(난방) 溫暖(온난) 寒暖(한난)
隹 11 ⑲	難	어려울 **난** 어렵다. 재앙. 난리.	〈4급2〉	難攻不落(난공불락) 難關(난관) 災難(재난)
田 2 ⑦	男	사내 · 아들 **남** 사내. 아들. 젊은이. 남자.	〈7급〉	男女老少(남녀노소) 男子(남자) 男便(남편)
十 7 ⑨	南	남녘 **남** 남녘. 남쪽. 성씨.	〈8급〉	南柯一夢(남가일몽) 南向(남향) 南北(남북)
糸 4 ⑩	納	들일 **납** 들이다. 바치다. 받다.	〈4급〉	納凉(납량) 納本(납본) 納稅(납세)

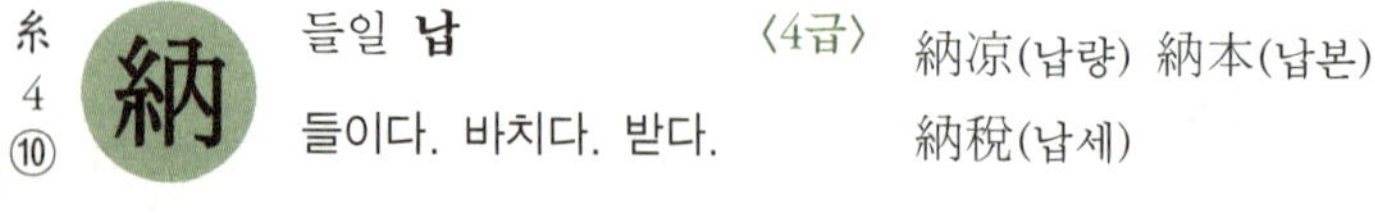

女 7 ⑩	娘	각시 · 아가씨 **낭** 각시. 아가씨. 어미.	〈3급2〉	娘家(낭가) 娘子(낭자) 娘細胞(낭세포)
ノ 1 ②	乃	이에 **내** 이에. 너. 그. 곧. 접때.	〈3급〉	乃至(내지) 乃往(내왕) 人乃天(인내천)
入 2 ④	內	안 **내**, 들일 **납**, 여관 **나**.	〈7급〉	內閣(내각) 內亂(내란) 內容(내용) 內人(나인)
大 5 ⑧	奈	어찌 **내**, 나락 **나** 어째. 나락.	〈3급〉	奈何(내하) 奈落(나락)
而 3 ⑨	耐	견딜 **내** 견디다. 참다.	〈3급2〉	耐久(내구) 耐乏(내핍) 耐火(내화) 忍耐(인내)
女 0 ③	女	여자 **녀** 여자. 저. 시집보내다.	〈8급〉	女傑(여걸) 女權(여권) 女史(여사) 女子(여자)
干 3 ⑥	年	해 · 나이 **년** 해. 나이. 때. 시대.	〈8급〉	年年歲歲(년년세세) 年度(연도) 年輩(연배)
心 4 ⑧	念	생각 **념** 생각. 생각하다. 외다. 삼가다.	〈5급〉	念頭(염두) 念慮(염려) 念佛(염불) 念願(염원)

宀 11 ⑭	寧	편안할 **녕** 편안하다. 문안하다.	〈3급2〉	寧親(영친) 寧息(영식) 康寧(강녕) 安寧(안녕)
女 2 ⑤	奴	종 **노** 종. 사내종. 놈.	〈3급2〉	奴婢(노비) 奴隷(노예) 賣國奴(매국노)
力 5 ⑦	努	힘쓸 **노** 힘쓰다. 힘들이다.	〈4급2〉	努力(노력) 努目(노목) 努肉(노육)
心 5 ⑨	怒	성낼 **노** 성내다. 꾸짖다.	〈4급2〉	怒氣(노기) 怒濤(노도) 怒發大發(노발대발)
辰 6 ⑬	農	농사 · 농사지을 **농** 농사. 농부. 백성. 농사짓다.	〈7급〉	農業(농업) 農民(농민) 農者天下(농자천하)
心 9 ⑫	惱	괴로워할 **뇌** 괴로워하다. 괴롭히다.	〈3급〉	惱亂(뇌란) 惱殺(뇌살) 苦惱(고뇌) 煩惱(번뇌)
肉 9 ⑬	腦	뇌 **뇌** 뇌. 머릿골. 머리.	〈3급2〉	腦裏(뇌리) 腦髓(뇌수) 腦炎(뇌염) 頭腦(두뇌)
肉 6 ⑩	能	능할 **능** 능함. 잘하다. 미치다.	〈5급〉	能力(능력) 能率(능률) 能事(능사) 本能(본능)

| 水
5
⑧ | 泥 | 진흙 **니** 〈3급2〉
진흙. 흙손. 물 더러워지다. | 泥工(이공) 泥溝(이구)
泥水(이수) 泥中(이중) |

| 夕
3
⑥ | 多 | 많을 **다** 〈6급〉
많다. 후하다. 낫다. | 多寡(다과) 多端(다단)
多事多端(다사다단) |

| 艸
6
⑩ | 茶 | 차 **다**, 차 **차** 〈3급2〉
차. 차나무. 찻잎. | 茶菓(다과) 茶道(다도)
茶房(다방) 茶禮(차례) |

| 丶
3
④ | 丹 | 붉을 **단**, 이름 **란**. 〈3급2〉
붉다. 채색하다. 꽃이름. | 丹書(단서) 丹心(단심)
丹楓(단풍) 牧丹(모란) |

| 日
1
⑤ | 旦 | 아침 **단** 〈3급2〉
아침. 일찍. 날 밝다. | 旦暮(단모) 旦夕(단석)
旦月(단월) 元旦(원단) |

| 人
5
⑦ | 但 | 다만 **단** 〈3급2〉
다만. 오직. 홀로. | 但書(단서) 但只(단지)
非但(비단) |

| 殳
5
⑨ | 段 | 층계 **단** 〈4급〉
층계. 부분. 조각. 구분. | 段階(단계) 段丘(단구)
段落(단락) 段數(단수) |

| 口
9
⑫ | 單 | 홑 **단**, 성 **선** 〈4급2〉
홑. 다하다. 성씨. | 單刀直入(단도직입)
單手(단수) 單光(단광) |

矢 7 ⑫	短	짧을 **단** 〈6급〉 짧다. 모자라다. 허물.	短點(단점) 短篇(단편) 高低長短(고저장단)
口 11 ⑭	團	둥글 **단** 〈5급〉 둥글다. 모이다.	團結(단결) 團束(단속) 團地(단지) 團體(단체)
立 9 ⑭	端	끝 **단** 〈4급2〉 끝. 실마리. 바르다. 근본.	端末(단말) 端緒(단서) 端午(단오) 端正(단정)
土 13 ⑯	壇	제터 **단** 〈5급〉 제터. 단. 제단. 사회. 뜰.	壇上(단상) 壇垣(단원) 演壇(연단) 祭壇(제단)
木 13 ⑰	檀	박달나무 **단** 〈4급2〉 박달나무. 향나무. 베풀다.	檀國(단국) 檀君(단군) 檀紀(단기) 檀木(단목)
斤 14 ⑱	斷	끊을 **단** 〈4급2〉 끊다. 쪼개다. 결단하다.	斷機之戒(단기지계) 斷念(단념) 決斷(결단)
辵 9 ⑬	達	통달할 **달** 〈4급2〉 통달하다. 이르다.	達觀(달관) 達辯(달변) 達成(달성) 達人(달인)
水 8 ⑪	淡	물맑을 **담** 〈3급2〉 물 맑다. 싱겁다. 질펀하다.	淡水(담수) 淡泊(담박) 淡紅(담홍) 濃淡(농담)

言 8 ⑮	談	이야기할 **담** 〈5급〉 이야기하다. 말씀.	談笑(담소) 談判(담판) 談話(담화) 面談(면담)
手 13 ⑯	擔	멜 **담** 〈4급2〉 메다. 맡다. 들다. 짐.	擔當(담당) 擔保(담보) 擔任(담임) 加擔(가담)
田 4 ⑨	畓	논 **답** 〈3급〉 논. (우리나라에서 만든 글자).	畓券(답권) 田畓(전답) 天水畓(천수답)
竹 6 ⑫	答	대답할 **답** 〈7급〉 대답하다. 갚다. 응답하다.	答禮(답례) 答訪(답방) 答案(답안) 報答(보답)
足 8 ⑮	踏	밟을 **답** 〈3급2〉 밟다. 발판. 신.	踏步(답보) 踏査(답사) 踏襲(답습) 未踏(미답)
口 7 ⑩	唐	당나라 **당** 〈3급2〉 당나라. 황당하다. 갑자기.	唐突(당돌) 唐津(당진) 唐慌(당황)
土 8 ⑪	堂	집 **당** 〈6급〉 집. 마루. 당당하다.	堂狗(당구) 堂上(당상) 堂叔(당숙) 堂室(당실)
田 8 ⑬	當	마땅할 **당** 〈5급〉 마땅하다. 당하다.	當局(당국) 當面(당면) 當然(당연) 抵當(저당)

部首	漢字	訓音	級數	用例

米
10
⑯

糖 사탕 **당** 〈3급2〉
사탕. 엿. 설탕.
糖尿病(당뇨병)
糖分(당분) 雪糖(설탕)

黑
8
⑳

黨 무리 **당** 〈4급2〉
무리. 일가, 치우치다.
黨規(당규) 黨論(당론)
黨派(당파) 鄕黨(향당)

大
0
③

大 큰 **대** 〈8급〉
크다. 많다. 훌륭하다.
大器晩成(대기만성)
大家(대가) 大衆(대중)

人
3
⑤

代 대신할 **대** 〈6급〉
대신하다. 세대. 시대.
代價(대가) 代理(대리)
代身(대신) 世代(세대)

彳
6
⑨

待 기다릴 **대** 〈6급〉
기다리다. 대접하다.
待機(대기) 待令(대령)
待望(대망) 待接(대접)

巾
8
⑪

帶 띠 **대** 〈4급〉
띠. 차다. 함께.
帶劍(대검) 帶同(대동)
連帶(연대) 革帶(혁대)

貝
5
⑫

貸 빌릴 **대** 〈3급2〉
빌리다. 꾸다. 주다.
貸金(대금) 貸付(대부)
貸與(대여) 賃貸(임대)

阝
9
⑫

隊 무리 **대** 〈4급2〉
무리. 떼. 줄. 대오. 군대.
隊伍(대오) 隊列(대열)
隊員(대원) 軍隊(군대)

至 8 ⑭	臺	돈대 **대** 〈3급2〉 돈대. 누각. 관아.	臺本(대본) 臺詞(대사) 臺帳(대장) 土臺(토대)	
寸 11 ⑭	對	대답할 **대** 〈6급〉 대답하다. 대하다. 짝.	對決(대결) 對談(대담) 對答(대답) 相對(상대)	
彳 12 ⑮	德	큰 **덕** 〈5급〉 덕. 크다. 혜택. 어진이.	德望(덕망) 德分(덕분) 德行(덕행) 恩德(은덕)	
刀 0 ②	刀	칼 **도** 〈3급2〉 칼. 거룻배. 돈이름.	刀劍(도검) 刀匠(도장) 刀圭(도규) 短刀(단도)	
刀 6 ⑧	到	이를 **도** 〈5급〉 이르다. 주밀하다. 속이다.	到達(도달) 到來(도래) 到着(도착) 到處(도처)	
广 6 ⑨	度	법도 **도**, 헤아릴 **탁** 〈6급〉 법도. 도수. 헤아리다.	度量(도량) 度數(도수) 度外(도외) 忖度(촌탁)	
手 6 ⑨	挑	돋울 **도** 〈3급〉 돋우다. 꾀다. 뛰다. 메다.	挑燈(도등) 挑發(도발) 挑戰(도전) 挑出(도출)	
人 8 ⑩	倒	넘어질 **도** 〈3급2〉 넘어지다. 거꾸로 되다.	倒壞(도괴) 倒立(도립) 倒産(도산) 倒置(도치)	

부수/획	한자	훈음	급수	뜻	용례
山 7 ⑩	島	섬 도	〈5급〉	섬.	島民(도민) 島配(도배) 島嶼(도서) 落島(낙도)
辶 6 ⑩	逃	달아날 도	〈4급〉	달아나다. 도망하다.	逃亡(도망) 逃匿(도닉) 逃走(도주) 逃避(도피)
彳 7 ⑩	徒	무리 도	〈4급〉	무리. 걸어 다니다. 여럿.	徒黨(도당) 徒步(도보) 徒食(도식) 暴徒(폭도)
木 6 ⑩	桃	복숭아 도	〈3급2〉	복숭아나무. 복숭아.	桃李(도리) 桃花(도화) 桃園結義(도원결의)
阝 8 ⑪	陶	질그릇 도	〈3급2〉	질그릇. 굽다. 만들다.	陶器(도기) 陶冶(도야) 陶醉(도취) 薰陶(훈도)
辶 7 ⑪	途	길 도	〈3급2〉	길. 도로.	途上(도상) 途程(도정) 途中(도중) 壯途(장도)
皿 7 ⑫	盜	도둑 도	〈4급〉	도둑. 훔치다. 달아나다.	盜難(도난) 盜伐(도벌) 盜癖(도벽) 盜聽(도청)
水 9 ⑫	渡	건널 도	〈3급2〉	건너다. 건너가다. 도선장.	渡江(도강) 渡來(도래) 渡海(도해) 讓渡(양도)

부수	한자	훈음	급수	용례
阝 9 ⑫	都	도읍 **도** 도읍. 서울. 도회지.	〈5급〉	都給(도급) 都市(도시) 都心(도심) 首都(수도)
土 10 ⑬	塗	바를 · 진흙 **도** 바르다. 진흙. 칠하다. 길.	〈3급〉	塗料(도료) 塗褙(도배) 塗裝(도장) 塗炭(도탄)
足 6 ⑬	跳	뛸 **도** 뛰어오르다. 솟구치다.	〈3급〉	跳奔(도분) 跳躍(도약) 跳哮(도효) 高跳(고도)
辶 9 ⑬	道	길 · 말할 **도** 길. 말하다. 도리. 도교.	〈7급〉	道敎(도교) 道德(도덕) 道路(도로) 道通(도통)
口 11 ⑭	圖	그림 **도** 그림. 꾀하다. 규칙.	〈6급〉	圖面(도면) 圖書(도서) 圖案(도안) 構圖(구도)
禾 10 ⑮	稻	벼 **도** 벼. 성씨.	〈3급〉	稻米(도미) 稻作(도작) 粳稻(갱도) 早稻(조도)
寸 13 ⑯	導	이끌 **도** 이끌다. 인도하다.	〈4급2〉	導管(도관) 導入(도입) 引導(인도) 指導(지도)
毋 4 ⑧	毒	독할 **독** 독하다. 독. 해치다. 독초.	〈4급2〉	毒氣(독기) 毒物(독물) 毒藥(독약) 解毒(해독)

| 目
8
⑬ | 督 | 살펴볼·감독할 **독** 〈4급2〉
살피다. 재촉하다. 감독하다. | 督納(독납) 督戰(독전)
督促(독촉) 監督(감독) |

| 竹
10
⑯ | 篤 | 도타울 **독** 〈3급〉
도탑다. 굳다. | 篤敬(독경) 篤實(독실)
篤志(독지) 危篤(위독) |

| 犭
4
⑯ | 獨 | 홀로 **독** 〈5급〉
홀로. 외롭다. 다만. | 獨斷(독단) 獨立(독립)
獨白(독백) 孤獨(고독) |

| 言
15
㉒ | 讀 | 읽을 **독**, 이두 **두** 〈6급〉
읽다. 소리내어 글을 읽다. 이두. | 讀書(독서) 讀者(독자)
讀破(독파) 句讀(구두) |

| 豕
4
⑪ | 豚 | 돼지 **돈** 〈3급〉
돼지. 복. 지척거리다. | 豚犬(돈견) 豚舍(돈사)
豚肉(돈육) 養豚(양돈) |

| 攴
8
⑫ | 敦 | 도타울 **돈** 〈3급〉
도탑다. 정성. 힘쓰다. | 敦篤(돈독) 敦睦(돈목)
敦親(돈친) 敦厚(돈후) |

| 穴
4
⑨ | 突 | 부딪칠 **돌** 〈3급2〉
부딪치다. 뚫다. 갑자기. | 突擊(돌격) 突起(돌기)
突發(돌발) 突出(돌출) |

| 冫
3
⑤ | 冬 | 겨울 **동** 〈7급〉
겨울. 겨울을 지내다. | 冬季(동계) 冬眠(동면)
冬至(동지) 立冬(입동) |

부수	한자	훈·음	급수	한자어
口 3 (6)	同	한가지 **동** 한가지. 모이다. 무리.	〈7급〉	同苦同樂(동고동락) 同僚(동료) 同胞(동포)
木 4 (8)	東	동녘(동쪽) **동** 동녘. 봄. 청(靑). 주인.	〈8급〉	東問西答(동문서답) 東西(동서) 極東(극동)
水 6 (9)	洞	고을 **동**, 꿰뚫을 **통** 고을. 깊다. 비다. 꿰뚫다.	〈7급〉	洞口(동구) 洞窟(동굴) 洞穴(동혈) 洞察(통찰)
冫 8 (10)	凍	얼음 **동** 얼다. 얼음.	〈3급2〉	凍結(동결) 凍氷(동빙) 凍死(동사) 凍土(동토)
力 9 (11)	動	움직일 **동** 움직이다. 어지럽다.	〈7급〉	動力(동력) 動産(동산) 動作(동작) 運動(운동)
立 7 (12)	童	아이 **동** 아이. 어리석다. 민둥산.	〈6급〉	童心(동심) 童顔(동안) 童謠(동요) 童話(동화)
金 6 (14)	銅	구리 **동** 구리. 동화. 구리그릇.	〈4급2〉	銅鏡(동경) 銅像(동상) 銅版(동판) 銅錢(동전)
斗 0 (4)	斗	말 **두** 말. 우뚝 솟다. 뾰족하다.	〈4급2〉	斗量(두량) 斗屋(두옥) 泰山北斗(태산북두)

豆 0 ⑦	**豆**	콩 **두**　　　　　　〈4급2〉 콩. 판. 제기이름. 제물.	豆腐(두부)　豆粥(두죽) 豆乳(두유)　綠豆(녹두)
頁 7 ⑯	**頭**	머리 **두**　　　　　　〈6급〉 머리. 우두머리. 꼭대기.	頭角(두각)　頭腦(두뇌) 頭領(두령)　頭緒(두서)
屮 1 ④	**屯**	진칠 **둔**　　　　　　〈3급〉 진을 치다.	屯兵(둔병)　屯聚(둔취) 駐屯(주둔)
金 4 ⑫	**鈍**	둔할·무딜 **둔**　　　　〈3급〉 둔하다. 무디다. 우둔하다.	鈍感(둔감)　鈍器(둔기) 鈍才(둔재)　鈍濁(둔탁)
彳 8 ⑪	**得**	얻을 **득**　　　　　　〈4급2〉 얻다. 탐하다. 깨닫다. 알맞다.	得道(득도)　得利(득리) 得勢(득세)　得失(득실)
癶 7 ⑫	**登**	오를·나갈 **등**　　　　〈7급〉 오르다. 나아가다. 높다.	登校(등교)　登錄(등록) 登山(등산)　登用(등용)
竹 6 ⑫	**等**	등급·무리 **등**　　　　〈6급〉 등급. 무리. 동아리.	等級(등급)　等對(등대) 等分(등분)　吾等(오등)
火 12 ⑯	**燈**	등잔 **등**　　　　　　〈4급2〉 등잔. 등불. 등. 불도.	燈明(등명)　燃燈(연등) 燈下不明(등하불명)

부수	한자	훈음	급수	용례
馬 10 ⑳	騰	오를 **등** 오르다. 날다. 뛰다.	〈3급〉	騰貴(등귀) 騰落(등락) 急騰(급등) 暴騰(폭등)
网 14 ⑲	羅	벌일 **라** 벌이다. 새그물. 비단. 깔다.	〈4급2〉	羅列(나열) 羅拜(나배) 羅紗(나사) 羅綺(나기)
糸 6 ⑫	絡	이을 **락** 잇다. 두르다. 맥락.	〈3급2〉	絡車(낙거) 絡繹(낙역) 連絡(연락) 脈絡(맥락)
艸 9 ⑬	落	떨어질 **락** 떨어지다. 죽다. 버리다.	〈5급〉	落落長松(낙락장송) 落第(낙제) 落伍(낙오)
木 11 ⑮	樂	즐길 **락**, 풍류 **악**, 좋아할 **요**	〈6급〉	樂園(낙원) 音樂(음악) 樂山樂水(요산요수)
尸 5 ⑦	卵	알 **란** 알. 기르다.	〈4급〉	卵巢(난소) 卵子(난자) 卵黃(난황) 卵形(난형)
乙 12 ⑬	亂	어지러울 **란** 어지럽다. 난리. 얽히다.	〈4급〉	亂局(난국) 亂動(난동) 亂世(난세) 擾亂(요란)
木 17 ㉑	欄	난간 **란** 난간. 울. 테두리.	〈3급2〉	欄角(난각) 欄干(난간) 欄邊(난변) 空欄(공란)

부수	한자	훈음	급수	예시	
艸 17 ㉑	蘭	난초 **란** 난초. 목련. 풀이름.	〈3급2〉	蘭交(난교)	蘭草(난초) 蘭秋(난추) 芝蘭(지란)
水 14 ⑰	濫	넘칠 **람** 넘치다. 지나치다.	〈3급〉	濫發(남발)	濫伐(남벌) 濫用(남용) 濫雜(남잡)
見 14 ㉑	覽	볼 **람** 보다. 전망. 경관.	〈4급〉	覽觀(남관)	 遊覽(유람) 展覽(전람)
水 7 ⑩	浪	물결 **랑** 물결. 파도. 유랑하다.	〈3급2〉	浪費(낭비)	浪說(낭설) 浪人(낭인) 風浪(풍랑)
阝 7 ⑩	郞	사내 **랑** 사내. 아들. 낭군.	〈3급2〉	郞君(낭군)	郞子(낭자) 女郞(여랑) 花郞(화랑)
月 7 ⑪	朗	밝을 **랑** 밝다. 맑게 환하다.	〈5급〉	朗讀(낭독)	朗誦(낭송) 郞月(낭월) 明朗(명랑)
广 10 ⑬	廊	행랑 **랑** 행랑. 곁채. 복도.	〈3급2〉	廊底(낭저)	廊下(낭하) 舍廊(사랑) 行廊(행랑)
人 6 ⑧	來	올·돌아올 **래** 오다. 돌아오다. 미래.	〈7급〉	來客(내객)	來歷(내력) 來日(내일) 未來(미래)

부수	한자	훈음	급수	용례
冫 5 ⑦	冷	찰 **랭**	〈5급〉	冷氣(냉기) 冷淡(냉담) 冷凍(냉동) 冷溫(냉온)
		차다. 맑다. 춥다.		
手 8 ⑪	掠	노략질할 **략**	〈3급〉	掠盜(약도) 掠治(약치) 掠奪(약탈) 侵掠(침략)
		노략질하다. 스쳐지나가다.		
田 6 ⑪	略	간략할 **략**	〈4급〉	略圖(약도) 略歷(약력) 略式(약식) 幹略(간략)
		간략하다. 꾀하다.		
艮 1 ⑦	良	어질 **량**	〈5급〉	良心(양심) 良好(양호) 美風良俗(미풍양속)
		어질다. 좋다. 착하다. 진실로.		
入 6 ⑧	兩	두 **양·량(냥)**	〈4급2〉	兩家(양가) 兩斷(양단) 兩面(양면) 兩親(양친)
		두. 둘. 짝. 필. 냥.		
水 8 ⑪	涼	서늘할 **량**	〈3급2〉	涼德(양덕) 涼秋(양추) 納涼(납량) 淸涼(청량)
		서늘하다. 얇다. 쓸쓸하다.		
木 7 ⑪	梁	들보 **량**	〈3급2〉	梁上君子(양상군자) 橋梁(교량) 棟梁(동량)
		들보. 다리. 기장(수수).		
里 5 ⑫	量	양·헤아릴 **량**	〈5급〉	量入計出(양입계출) 分量(분량) 雅量(아량)
		양. 분량. 용량. 헤아리다.		

言 8 ⑮	諒	살필 **량** 살피다. 참. 믿다.	〈3급〉	諒恕(양서) 諒知(양지) 諒察(양찰) 諒解(양해)
米 12 ⑱	糧	양식 **량** 양식. 먹이. 급여.	〈4급〉	糧穀(양곡) 糧道(양도) 糧米(양미) 糧食(양식)
方 6 ⑩	旅	나그네 **려** 나그네. 여행하다. 무리.	〈5급〉	旅客(여객) 旅館(여관) 旅券(여권) 旅行(여행)
心 11 ⑮	慮	생각할 **려** 생각하다. 염려하다. 근심하다.	〈4급〉	慮外(여외) 慮後(여후) 配慮(배려) 念慮(염려)
力 15 ⑰	勵	힘쓸 **려** 힘쓰다. 권면하다.	〈3급2〉	勵相(여상) 勵精(여정) 激勵(격려) 獎勵(장려)
鹿 8 ⑲	麗	고울·빛날 **려** 곱다. 빛나다.	〈4급2〉	麗句(여구) 麗史(여사) 麗色(여색) 美麗(미려)
力 0 ②	力	힘 **력** 힘. 힘쓰다. 군사. 심하다.	〈7급〉	力强(역강) 力道(역도) 力量(역량) 力說(역설)
日 12 ⑯	曆	책력 **력** 책력. 운수. 세월.	〈3급2〉	曆法(역법) 曆術(역술) 曆學(역학) 月曆(월력)

부수	한자	훈·음	급수	용례
止 12 ⑯	歷	지낼 **력** 지내다. 두루. 분명하다.	〈5급〉	歷年(역년) 歷代(역대) 歷史(역사) 歷任(역임)
辵 7 ⑪	連	이을·연할 **련** 잇다. 잇닿다. 연하다.	〈4급2〉	連載(연재) 連關(연관) 連結(연결) 連休(연휴)
心 12 ⑮	憐	불쌍히여길 **련** 불쌍히(어여삐) 여기다.	〈3급〉	憐憫(연민) 憐情(연정) 可憐(가련) 愛憐(애련)
艸 11 ⑮	蓮	연 **련** 연. 연밥. 연꽃.	〈3급2〉	蓮根(연근) 蓮堂(연당) 蓮花(연화) 木蓮(목련)
糸 9 ⑮	練	익힐 **련** 익히다. 숙달되다.	〈5급〉	練磨(연마) 練兵(연병) 練習(연습) 熟練(숙련)
耳 11 ⑰	聯	잇닿을 **련** 잇닿다. 연하다. 짝.	〈3급2〉	聯絡(연락) 聯立(연립) 聯想(연상) 聯合(연합)
金 9 ⑰	鍊	단련할 **련** 단련하다. 쇠 불리다.	〈3급2〉	鍊金(연금) 鍊磨(연마) 修鍊(수련) 製鍊(제련)
心 19 ㉓	戀	그리워할 **련** 그리워하다. 사모하다.	〈3급2〉	戀歌(연가) 戀慕(연모) 戀愛(연애) 戀情(연정)

刀 4 ⑥	烈	벌릴 **렬** 〈4급2〉 벌이다. 줄서다. 차례.	列强(열강) 列擧(열거) 列島(열도) 列外(열외)
力 4 ⑥	劣	용렬할 **렬** 〈3급〉 용렬하다. 못나다. 어리다.	劣等(열등) 劣惡(열악) 劣位(열위) 愚劣(우열)
火 6 ⑩	烈	세찰·매울 **렬** 〈4급〉 세차다. 사납다. 맵다.	烈士(열사) 烈女(열녀) 烈火(열화) 猛烈(맹렬)
衣 6 ⑫	裂	찢을·터질 **렬** 〈3급2〉 찢어지다. 터지다. 비단의 자투리.	裂開(열개) 裂傷(열상) 車裂(거열) 破裂(파열)
广 10 ⑬	廉	청렴할 **렴** 〈3급〉 청렴하다. 검소하다. 값싸다.	廉價(염가) 廉探(염탐) 廉恥(염치) 淸廉(청렴)
犭 15 ⑱	獵	사냥 **렵** 〈3급〉 사냥하다. 찾다.	獵狗(엽구) 獵奇(엽기) 獵銃(엽총) 狩獵(수렵)
人 3 ⑤	令	명령할 **령** 〈5급〉 명령하다. 법령. 우두머리.	令監(영감) 令息(영식) 令狀(영장) 命令(명령)
雨 5 ⑬	零	떨어질 **령** 〈3급〉 떨어지다. 작다. 비.	零落(영락) 零細(영세) 零點(영점) 零縮(영축)

부수	한자	훈음	급수	용례
頁 5 ⑭	領	거느릴·옷깃 **령** 거느리다. 옷깃. 우두머리.	〈5급〉	領收(영수) 領導(영도) 領域(영역) 領土(영토)
山 14 ⑰	嶺	재 **령** 재(고개). 산봉우리.	〈3급2〉	嶺南(영남) 嶺東(영동) 雪嶺(설령) 峻嶺(준령)
雨 16 ㉔	靈	신령 **령** 신령. 영혼. 신통하다.	〈3급2〉	靈感(영감) 靈界(영계) 靈魂(영혼) 神靈(신령)
人 6 ⑧	例	법칙 **례** 관례. 본보기. 대개.	〈6급〉	例規(예규) 例文(예문) 例示(예시) 前例(전례)
隶 9 ⑰	隸	종 **례** 종. 노복. 서체. 좇다.	〈3급〉	隸書(예서) 隸屬(예속) 奴隸(노예) 僮隸(동례)
示 13 ⑱	禮	예도 **례** 예절. 인사. 예물.	〈6급〉	禮物(예물) 禮拜(예배) 禮法(예법) 禮節(예절)
耂 2 ⑥	老	늙을 **로** 늙다. 어른. 익숙하다.	〈7급〉	老鍊(노련) 老母(노모) 老少(노소) 老翁(노옹)
力 10 ⑫	勞	수고로울 **로** 수고롭다. 애쓰다. 위로하다.	〈5급〉	勞苦(노고) 勞動(노동) 勞心焦思(노심초사)

| 足
6
⑬ | 路 | 길 **로**   〈6급〉
길. 크다. 겪는 일. | 路毒(노독) 路面(노면)
路線(노선) 道路(도로) |

| 火
16
⑳ | 爐 | 화로 **로**   〈3급2〉
화로. 난로. | 爐邊(노변) 爐香(노향)
煖爐(난로) 火爐(화로) |

| 雨
12
⑳ | 露 | 이슬 **로**   〈3급2〉
이슬. 적시다. 드러나다. | 露宿(노숙) 露店(노점)
露天(노천) 露出(노출) |

| 鹿
0
⑪ | 鹿 | 사슴 **록**   〈3급〉
사슴. 곳집. 산기슭. | 鹿角(녹각) 鹿茸(녹용)
鹿皮(녹피) 鹿血(녹혈) |

| 示
8
⑬ | 祿 | 녹 **록**   〈3급2〉
녹(급료). 복(행복). | 祿命(녹명) 祿米(녹미)
祿俸(녹봉) 祿位(녹위) |

| 糸
8
⑭ | 綠 | 푸를 **록**   〈6급〉
푸르다. 초록빛. 옥(玉). | 綠林(녹림) 綠色(녹색)
綠陰(녹음) 綠茶(녹차) |

| 金
8
⑯ | 錄 | 기록할 **록**   〈4급2〉
기록하다. 베끼다. 문서. | 錄音(녹음) 錄畵(녹화)
記錄(기록) 目錄(목록) |

| 言
8
⑮ | 論 | 논의할 **론**   〈4급2〉
논의하다. 평론하다. | 論功行賞(논공행상)
論議(논의) 評論(평론) |

부수	한자	훈음 · 급수	뜻	용례
廾 4 ⑦	弄	희롱할 **롱** 〈3급2〉 희롱하다. 업신여기다.		弄奸(농간) 弄談(농담) 愚弄(우롱) 戲弄(희롱)
雨 5 ⑬	雷	천둥 **뢰** 〈3급2〉 천둥. 우레. 빠른 모양.		雷聲(뇌성) 落雷(낙뢰) 附和雷同(부화뇌동)
貝 9 ⑯	賴	의지할 **뢰** 〈3급2〉 의지하다. 힘입다.		信賴(신뢰) 依賴(의뢰) 無賴漢(무뢰한)
丨 1 ②	了	마칠 **료** 〈3급〉 마치다. 깨닫다. 똑똑하다.		了結(요결) 了知(요지) 完了(완료) 終了(종료)
斗 6 ⑩	料	헤아릴 **료** 〈5급〉 헤아리다. 되다. 재료. 삯.		料金(요금) 料量(요량) 料理(요리) 材料(재료)
人 12 ⑭	僚	동료 **료** 〈3급〉 동료. 벼슬아치. 관리.		僚吏(요리) 僚友(요우) 閣僚(각료) 同僚(동료)
龍 0 ⑯	龍	용 **룡** 〈4급〉 용. 임금. 별이름.		龍頭蛇尾(용두사미) 龍上(용상) 龍虎(용호)
糸 5 ⑪	累	묶을 · 포갤 **루** 〈3급2〉 묶다. 늘다. 포개다. 거듭. 여러.		累計(누계) 累代(누대) 累卵(누란) 累積(누적)

부수	한자	훈음	급수	예어	
水 8 ⑪	淚	눈물 **루** 눈물. 눈물짓다.	〈3급〉	淚河(누하)　淚痕(누흔) 感淚(감루)　血淚(혈루)	
尸 11 ⑭	屢	자주 **루** 자주. 여러. 번잡하다.	〈3급〉	屢年(누년)　漏泄(누설) 屢日(누일)　屢次(누차)	
水 11 ⑭	漏	샐 **루** 새다. 틈나다. 빠뜨리다.	〈3급2〉	漏落(누락)　漏泄(누설) 漏水(누수)　漏電(누전)	
木 11 ⑮	樓	다락 **루** 다락. 망루. 기생집.	〈3급2〉	樓閣(누각)　樓臺(누대) 樓上(누상)　望樓(망루)	
木 5 ⑨	柳	버들 **류** 버드나무. 모이다. 성씨.	〈4급〉	柳器(유기)　柳腰(유요) 細柳(세류)　花柳(화류)	
水 7 ⑩	流	흐를 **류** 흐르다. 흘리다. 떠돌다.	〈5급〉	流動(유동)　流浪(유랑) 流水(유수)　流通(유통)	
田 5 ⑩	留	머무를 **류** 머무르다. 묵다. 멈추다.	〈4급2〉	留級(유급)　留念(유념) 留保(유보)　留學(유학)	
頁 10 ⑲	類	무리 **류** 무리. 종류. 닮다.	〈5급〉	類例(유례)　類似(유사) 類型(유형)　種類(종류)	

八 2 ④	六	여섯 **륙** 여섯. 여섯 번.	〈8급〉	六甲(육갑) 六書(육서) 六旬(육순) 望六(망륙)
阝 8 ⑪	陸	뭍 **륙** 뭍. 육지. 언덕. 길.	〈5급〉	陸橋(육교) 陸軍(육군) 陸地(육지) 上陸(상륙)
人 8 ⑩	倫	인륜 **륜** 인륜. 무리. 차례.	〈3급2〉	倫紀(윤기) 倫理(윤리) 倫常(윤상) 人倫(인륜)
車 8 ⑮	輪	바퀴 **륜** 바퀴. 둘레. 돌다.	〈4급〉	輪姦(윤간) 輪廓(윤곽) 輪轉(윤전) 輪禍(윤화)
彳 6 ⑨	律	법 **률** 법. 법칙. 자리. 음률.	〈4급2〉	律動(율동) 律法(율법) 律詩(율시) 規律(규율)
木 6 ⑩	栗	밤 **률** 밤. 밤나무. 떨다. 여물다.	〈3급2〉	栗栗(율률) 栗木(율목) 栗房(율방) 生栗(생률)
玄 6 ⑪	率	비율 **률**, 거느릴 **솔** 비율. 헤아리다. 거느리다.	〈3급2〉	率去(솔거) 率先(솔선) 率直(솔직) 比率(비율)
阝 9 ⑫	隆	성할·높을 **륭** 성하다. 높다. 두텁다.	〈3급2〉	隆起(융기) 隆盛(융성) 隆崇(융숭) 隆興(융흥)

阝 8 ⑪	陵	언덕 **릉** 〈3급2〉 언덕. 무덤. 능. 짓밟다.	陵谷(능곡) 陵蔑(능멸) 陵遲處斬(능지처참)
口 3 ⑥	吏	관리 **리** 〈3급2〉 관리. 관원. 벼슬아치.	吏道(이도) 吏讀(이두) 吏民(이민) 官吏(관리)
里 0 ⑦	里	마을 **리** 〈7급〉 마을. 거리. 상점. 이웃.	里門(이문) 里門(이민) 里長(이장) 洞里(동리)
刀 5 ⑦	利	이로울 **리** 〈6급〉 이롭다. 이익. 날카롭다.	利權(이권) 利己(이기) 利益(이익) 利子(이자)
木 3 ⑦	李	오얏나무 **리** 〈6급〉 오얏나무. 성(姓).	李杜(이두) 李花(이화) 李下不正(이하부정)
木 7 ⑪	梨	배 **리** 〈3급〉 배. 배나무. 쪼개다. 좇다.	梨雪(이설) 梨園(이원) 梨花(이화) 山梨(산리)
玉 7 ⑪	理	다스릴 **리** 〈6급〉 다스리다. 깨닫다. 이치.	理念(이념) 理論(이론) 理性(이성) 理致(이치)
衣 7 ⑬	裏	안·속 **리** 〈3급2〉 안. 속. 내부.	裏面(이면) 裏書(이서) 表裏不同(표리부동)

부수	한자	훈음	급수	용례
尸 12 ⑮	履	신 **리**	〈3급2〉	履歷(이력) 履跡(이적) 履踐(이천) 履行(이행)
		신. 신다. 밟다. 경력. 신발.		
隹 11 ⑲	離	떠날 **리**	〈4급〉	離農(이농) 離別(이별) 離散(이산) 離合(이합)
		떠나다. 이별하다.		
阝 12 ⑮	隣	이웃 **린**	〈3급〉	隣家(인가) 隣近(인근) 隣接(인접) 善隣(선린)
		이웃. 친근하다. 이웃하다.		
木 4 ⑧	林	수풀 **림**	〈7급〉	林野(임야) 林立(임립) 林業(임업) 森林(삼림)
		수풀. 동아리. 들. 많다.		
臣 11 ⑰	臨	임할 **림**	〈3급2〉	臨迫(임박) 君臨(군림) 臨機應變(임기응변)
		임하다. 다스리다.		
立 0 ⑤	立	설 **립**	〈7급〉	立件(입건) 立法(입법) 立案(입안) 立志(입지)
		서다. 세우다. 바로. 곧.		
馬 0 ⑩	馬	말 **마**	〈5급〉	馬脚(마각) 馬車(마차) 馬耳東風(마이동풍)
		말. 산가지. 아지랑이.		
麻 0 ⑪	麻	삼 **마**	〈3급2〉	麻袋(마대) 麻藥(마약) 麻醉(마취) 麻布(마포)
		삼(삼베의 원료).		

부수	한자	훈음	급수	한자어
石 11 ⑯	磨	갈 **마** 갈다. 닳다. 연자방아.	〈3급2〉	磨耗(마모) 摩擦(마찰) 切磋琢磨(절차탁마)
艸 7 ⑪	莫	없을 **막** 없다. 말다. 비다. 저물다.	〈3급2〉	莫大(막대) 莫論(막론) 莫逆之友(막역지우)
巾 11 ⑭	幕	장막 **막** 장막. 진영. 군막. 덮다.	〈3급2〉	幕僚(막료) 幕府(막부) 幕舍(막사) 帳幕(장막)
水 11 ⑭	漠	사막 **막** 사막. 넓다. 어둡다.	〈3급2〉	漠漠(막막) 漠然(막연) 廣漠(광막) 砂漠(사막)
日 7 ⑪	晚	늦을 **만** 늦다. 저물다. 저녁.	〈3급2〉	晚年(만년) 晚成(만성) 晚時之歎(만시지탄)
艸 9 ⑬	萬	일만·클 **만** 일 만. 많다. 크다.	〈8급〉	萬古(만고) 萬世(만세) 萬壽無疆(만수무강)
心 11 ⑭	慢	게으를 **만** 게으르다. 오만하다.	〈3급〉	慢性(만성) 慢心(만심) 慢然(만연) 傲慢(오만)
心 11 ⑭	滿	찰 **만** 차다. 넉넉하다.	〈4급2〉	滿期(만기) 滿發(만발) 滿場(만장) 充滿(충만)

心 11 ⑭	漫	질펀할 **만** 질펀하다. 빠지다.	〈3급〉	漫談(만담) 漫然(만연) 漫評(만평) 散漫(산만)
木 1 ⑤	末	끝 **말** 끝. 지엽(枝葉). 자손.	〈5급〉	末端(말단) 末席(말석) 末職(말직) 終末(종말)
亠 1 ③	亡	멸망할 **망** 멸망하다. 잃다. 죽다.	〈5급〉	亡國(망국) 亡命(망명) 亡失(망실) 滅亡(멸망)
女 3 ⑥	妄	망령될 **망** 망령되다. 거짓. 허망하다.	〈3급2〉	妄動(망동) 妄信(망신) 妄言(망언) 虛妄(허망)
心 3 ⑥	忙	바쁠 **망** 바쁘다. 빠르다. 애타다.	〈3급〉	忙中閑(망중한) 多忙(다망) 奔忙(분망)
心 3 ⑦	忘	잊을 **망** 잊다. 잃어버리다. 건망증.	〈3급〉	忘却(망각) 忘年(망년) 忘恩(망은) 健忘(건망)
网 3 ⑧	罔	없을 **망** 없다. 그물. 얽다.	〈3급〉	罔極(망극) 罔測(망측) 罔知所措(망지소조)
艸 6 ⑩	茫	아득할 **망** 아득하다. 망망하다.	〈3급〉	茫漠(망막) 茫昧(망매) 茫洋(망양) 茫然(망연)

부수	한자	훈음	급수	용례
月 7 ⑪	望	바랄 **망** 바라다. 바라보다.	〈5급〉	望雲之情(망운지정) 望鄉(망향) 願望(원망)
母 3 ⑦	每	매양 **매** 매양. 늘. 할 때마다.	〈7급〉	每年(매년) 每番(매번) 每事(매사) 每週(매주)
女 5 ⑧	妹	손아래누이 **매** 손아래누이. 누이. 소녀.	〈4급〉	妹夫(매부) 妹弟(매제) 妹兄(매형) 男妹(남매)
土 7 ⑩	埋	묻을 **매** 묻다. 파묻다. 묻히다. 감추다.	〈3급〉	埋沒(매몰) 埋伏(매복) 埋葬(매장)
木 7 ⑪	梅	매화 **매** 매화. 매화나무. 어둡다.	〈3급2〉	梅花(매화) 梅實(매실) 松竹梅(송죽매)
女 9 ⑫	媒	중매 · 어두울 **매** 중매하다. 매개. 어둡다.	〈3급2〉	媒介(매개) 媒鳥(매조) 媒婆(매파) 中媒(중매)
貝 5 ⑫	買	살 **매** 사다. 구매. 불러오다.	〈5급〉	買收(매수) 買食(매식) 買占賣惜(매점매석)
貝 8 ⑮	賣	팔 **매** 팔다. 넓히다. 퍼뜨리다.	〈5급〉	賣官(매관) 賣盡(매진) 賣官賣職(매관매직)

部首	漢字	訓音	級數	用例
肉 6 ⑩	脈	맥 **맥** 맥. 혈맥. 줄기. 잇달아.	〈4급2〉	脈度(맥도) 脈絡(맥락) 脈搏(맥박) 血脈(혈맥)
麥 0 ⑪	麥	보리 **맥** 보리. 메밀. 귀리.	〈3급2〉	麥穀(맥곡) 麥粉(맥분) 麥芽(맥아) 麥酒(맥주)
目 3 ⑧	盲	소경 **맹** 소경. 장님. 무지하다. 어둡다.	〈3급2〉	盲信(맹신) 盲啞(맹아) 盲從(맹종) 文盲(문맹)
子 5 ⑧	孟	맏 · 맹랑할 **맹** 맏이. 우두머리. 첫.	〈3급2〉	孟母三遷(맹모삼천) 孟子(맹자) 孟夏(맹하)
犭 8 ⑪	猛	사나울 **맹** 사납다. 날래다. 엄하다.	〈3급2〉	猛犬(맹견) 猛烈(맹렬) 猛獸(맹수) 猛虎(맹호)
皿 8 ⑬	盟	맹세할 **맹** 맹세하다. 맹세. 믿다.	〈3급2〉	盟約(맹약) 盟友(맹우) 盟誓(맹세) 血盟(혈맹)
儿 5 ⑦	免	면할 **면** 면하다. 벗어나다.	〈3급2〉	免問(면문) 免罪(면죄) 免除(면제) 免許(면허)
力 7 ⑨	勉	힘쓸 **면** 힘쓰다. 부지런하다.	〈4급〉	勉強(면강) 勉勵(면려) 勉學(면학) 勤勉(근면)

부수	한자	훈음	급수	단어
面 0 ⑨	面	낯 **면** 낯. 얼굴. 앞. 쪽. 뵈다.	〈7급〉	面談(면담) 面對(면대) 面目(면목) 面接(면접)
目 5 ⑩	眠	잠잘 **면** 잠자다. 쉬다. 시들다.	〈3급2〉	眠期(면기) 眠食(면식) 睡眠(수면) 冬眠(동면)
糸 8 ⑭	綿	솜 **면** 솜옷. 명주. 연잇다.	〈3급2〉	綿密(면밀) 綿絲(면사) 綿紬(면주) 綿花(면화)
水 10 ⑬	滅	멸망할 **멸** 멸망하다. 다하다. 죽다.	〈3급2〉	滅亡(멸망) 滅門(멸문) 滅種(멸종) 全滅(전멸)
口 3 ⑥	名	이름 **명** 이름 .명분. 유명하다.	〈7급〉	名單(명단) 名目(명목) 名所(명소) 有名(유명)
口 5 ⑧	命	목숨 **명** 목숨. 운수. 명하다. 표지.	〈7급〉	命令(명령) 命脈(명맥) 命中(명중) 生命(생명)
日 4 ⑧	明	밝을 **명** 밝다. 똑똑하다.	〈6급〉	明鏡止水(명경지수) 明示(명시) 明確(명확)
宀 8 ⑩	冥	어두울 **명** 어둡다. 깊다. 어리다.	〈3급〉	冥界(명계) 冥福(명복) 冥想(명상) 冥王(명왕)

| 金
6
⑭ | 銘 | 새길 **명** 〈3급2〉
새기다. 금석에 새긴 글. | 銘旌(명정) 碑銘(비명)
座右銘(좌우명) |

| 鳥
3
⑭ | 鳴 | 울·부를 **명** 〈4급〉
울다. 울리다. 부르다. | 鳴鼓(명고) 鳴動(명동)
百家爭鳴(백가쟁명) |

| 毛
0
④ | 毛 | 털 **모** 〈4급2〉
털. 터럭. 풀(草). 짐승. | 毛骨(모골) 毛孔(모공)
毛髮(모발) 毛織(모직) |

| 毋
1
⑤ | 母 | 어미·유모 **모** 〈8급〉
어머니. 장모. 유모. 땅. 근원. | 母國(모국) 母胎(모태)
賢母良妻(현모양처) |

| 人
7
⑨ | 侮 | 업신여길 **모** 〈3급〉
업신여기다. 경멸하다. | 侮弄(모롱) 侮慢(모만)
侮蔑(모멸) 侮辱(모욕) |

| 冂
7
⑨ | 冒 | 가릴 **모** 〈3급〉
가리다. 무릅쓰다. 두건. | 冒瀆(모독) 冒頭(모두)
冒色(모색) 冒險(모험) |

| 木
5
⑨ | 某 | 아무 **모** 〈3급〉
아무. 아무개. 어느 것. | 某年(모년) 某氏(모씨)
某種(모종) 某處(모처) |

| 力
11
⑬ | 募 | 모을 **모** 〈3급〉
모으다. 뽑다. 부르다. | 募金(모금) 募兵(모병)
募集(모집) 公募(공모) |

豸 7 ⑭	貌	모양 **모** 〈3급2〉 모양. 얼굴. 모사하다.	貌樣(모양) 貌言(모언) 容貌(용모) 全貌(전모)
心 11 ⑮	慕	사모할 **모** 〈3급2〉 사모하다. 그리워하다. 본받다.	慕念(모념) 慕心(모심) 慕愛(모애) 思慕(사모)
日 11 ⑮	暮	저물 **모** 〈3급〉 저물다. 해지다. 늦다.	暮景(모경) 歲暮(세모) 朝三暮四(조삼모사)
木 11 ⑮	模	법 **모** 〈4급〉 법. 본. 본뜨다. 거푸집.	模倣(모방) 模範(모범) 模樣(모양) 模造(모조)
言 9 ⑯	謀	꾀할 **모** 〈3급2〉 꾀하다. 묻다. 속이다.	謀略(모략) 謀叛(모반) 謀士(모사) 謀議(모의)
木 0 ④	木	나무 **목** 〈8급〉 나무. 오행의 첫째.	木工(목공) 木根(목근) 木石(목석) 木星(목성)
目 0 ⑤	目	눈 **목** 〈6급〉 눈. 보다. 조목. 우두머리.	目擊(목격) 目錄(목록) 目不識丁(목불식정)
牛 4 ⑧	牧	칠 **목** 〈4급2〉 치다. 가르치다. 다스리다.	牧童(목동) 牧民(목민) 牧者(목자) 牧畜(목축)

부수	한자	훈음	급수	용례
目 8 ⑬	睦	화목할 **목** 화목하다. 친목하다.	〈3급2〉	睦崇(목숭) 睦友(목우) 親睦(친목) 和睦(화목)
水 4 ⑦	沒	빠질 **몰** 빠지다. 가라앉다. 잠기다.	〈3급2〉	沒却(몰각) 沒年(몰년) 沒落(몰락) 沈沒(침몰)
夕 11 ⑭	夢	꿈 **몽** 꿈. 어둡다. 어지럽다.	〈3급2〉	夢想(몽상) 夢遊(몽유) 一場春夢(일장춘몽)
艸 10 ⑭	蒙	어릴 **몽** 어리다. 어리석다. 입다.	〈3급2〉	蒙昧(몽매) 蒙恩(몽은) 蒙塵(몽진) 訓蒙(훈몽)
卩 3 ⑤	卯	넷째지지 · 토끼 **묘** 넷째 지지. 토끼. 동쪽.	〈3급〉	卯飯(묘반) 卯方(묘방) 卯月(묘월) 卯酒(묘주)
女 4 ⑦	妙	묘할 **묘** 묘하다. 예쁘다. 젊다.	〈4급〉	妙技(묘기) 妙齡(묘령) 妙手(묘수) 絶妙(절묘)
艸 5 ⑨	苗	모 · 싹 **묘** 모(싹). 곡식. 백성. 핏줄.	〈3급〉	苗脈(묘맥) 苗木(묘목) 苗板(묘판) 種苗(종묘)
土 11 ⑭	墓	무덤 **묘** 무덤. 묘지. 산소. 묘역.	〈4급〉	墓碑(묘비) 墓祭(묘제) 墓地(묘지) 省墓(성묘)

广 12 ⑮	**廟**	사당 **묘** 사당. 종묘. 묘당. 위패.	〈3급〉	廟堂(묘당) 廟社(묘사) 廟謁(묘알) 宗廟(종묘)
戈 1 ⑤	**戊**	다섯째천간 **무** 다섯째 천간. 무성하다.	〈3급〉	戊夜(무야) 戊午(무오) 戊子(무자) 戊辰(무진)
止 4 ⑧	**武**	호반 **무** 호반. 무반. 굳세다.	〈4급2〉	武功(무공) 武器(무기) 武術(무술) 武勇(무용)
艸 5 ⑨	**茂**	우거질 **무** 우거지다. 뛰어나다.	〈3급2〉	茂林(무림) 茂士(무사) 茂盛(무성) 茂才(무재)
力 9 ⑪	**務**	힘쓸 **무** 힘쓰다. 일. 직분.	〈4급2〉	務望(무망) 務實(무실) 公務(공무) 勤務(근무)
火 8 ⑫	**無**	없을 **무** 없다. 아니다. 허무. 무엇.	〈5급〉	無念無想(무념무상) 無所不爲(무소불위)
貝 5 ⑫	**貿**	무역할 **무** 무역하다. 장사. 바뀌다.	〈3급2〉	貿亂(무란) 貿市(무시) 貿易(무역)
舛 8 ⑭	**舞**	춤출 **무** 춤추다. 춤. 희롱하다.	〈4급〉	舞鼓(무고) 舞臺(무대) 舞踊(무용) 舞姬(무희)

부수	한자	훈·음	급수	단어
雨 11 ⑲	霧	안개 **무** 안개. 어둡다. 젖음.	〈3급〉	霧中(무중) 雨霧(우무) 五里霧中(오리무중)
土 12 ⑮	墨	먹 **묵** 먹. 그을음. 먹줄. 자자함.	〈3급2〉	墨客(묵객) 墨色(묵색) 墨竹(묵죽) 墨畵(묵화)
黑 4 ⑯	默	말없을 **묵** 말없다. 잠잠하다. 조용함.	〈3급2〉	默念(묵념) 默讀(묵독) 默默不答(묵묵부답)
文 0 ④	文	글월·꾸밀 **문** 글월. 꾸미다. 책. 글. 무늬.	〈7급〉	文句(문구) 文盲(문맹) 文明(문명) 文書(문서)
門 0 ⑧	門	문·집안 **문** 문. 가문. 동문. 전문.	〈8급〉	門前成市(문전성시) 門下(문하) 家門(가문)
糸 4 ⑩	紋	무늬 **문** 무늬. 주름.	〈3급2〉	紋樣(문양) 紋銀(문은) 紋織(문직) 波紋(파문)
口 8 ⑪	問	물을 **문** 묻다. 신문하다. 찾다.	〈7급〉	問答(문답) 問題(문제) 東問西答(동문서답)
耳 8 ⑭	聞	들을 **문** 듣다. 알다. 받다.	〈6급〉	聞知(문지) 見聞(견문) 聞一知十(문일지십)

勹 2 ④	**勿**	말 **물** 〈3급2〉 말다(금지하다). 없다.	勿驚(물경) 勿論(물론) 勿照之明(물조지명)
牛 4 ⑧	**物**	만물·물건 **물** 〈7급〉 만물. 물건. 일. 재물.	物慾(물욕) 萬物(만물) 物物交換(물물교환)
木 1 ⑤	**未**	아닐 **미** 〈4급2〉 아니다. 못하다. 미래.	未開(미개) 未來(미래) 前代未聞(전대미문)
米 0 ⑥	**米**	쌀 **미** 〈6급〉 쌀. 열매. 무늬. 단위.	米穀(미곡) 米粒(미립) 米麥(미맥) 米壽(미수)
尸 4 ⑦	**尾**	꼬리 **미** 〈3급2〉 꼬리. 끝. 뒤쪽. 바닥.	尾行(미행) 語尾(어미) 龍頭蛇尾(용두사미)
口 5 ⑧	**味**	맛 **미** 〈4급2〉 맛. 맛보다. 영양.	味覺(미각) 吟味(음미) 意味深長(의미심장)
目 4 ⑨	**眉**	눈썹 **미** 〈3급〉 눈썹. 가장자리.	眉間(미간) 眉雪(미설) 眉目秀麗(미목수려)
羊 3 ⑨	**美**	아름다울 **미** 〈6급〉 아름답다. 맛나다. 기리다.	美觀(미관) 美談(미담) 美風良俗(미풍양속)

부수	한자	훈음	급수	용례
辵 6 ⑩	迷	미혹할 **미** 미혹하다. 헤매다.	〈3급〉	迷宮(미궁) 迷路(미로) 迷信(미신) 迷惑(미혹)
彳 10 ⑬	微	작을 **미** 작다. 정묘하다. 희미함.	〈3급2〉	微妙(미묘) 微笑(미소) 微官末職(미관말직)
氏 1 ⑤	民	백성 **민** 백성. 평민. 어둡다.	〈8급〉	民俗(민속) 民族(민족) 民主主義(민주주의)
攴 7 ⑪	敏	민첩할 **민** 민첩하다. 공손하다.	〈3급〉	敏感(민감) 敏腕(민완) 敏智(민지) 敏捷(민첩)
心 12 ⑮	憫	불쌍히여길 **민** 불쌍히 여기다. 근심.	〈3급〉	憫惘(민망) 憫然(민연) 憫恤(민휼) 憐憫(연민)
宀 8 ⑪	密	빽빽할 **밀** 빽빽하다. 촘촘하다. 은밀하다.	〈4급2〉	密計(밀계) 密談(밀담) 密林(밀림) 密使(밀사)
虫 8 ⑭	蜜	꿀 **밀** 꿀. 벌꿀.	〈3급〉	蜜柑(밀감) 蜜蜂(밀봉) 蜜語(밀어) 蜜月(밀월)
木 2 ⑥	朴	순박할 **박** 순박하다. 성(姓).	〈6급〉	朴訥(박눌) 朴厚(박후) 淳朴(순박) 質朴(질박)

水 5 ⑧	泊	배댈 **박** 배대다. 머무르다.	〈3급〉	泊船(박선) 淡泊(담박) 宿泊(숙박) 漂泊(표박)
手 5 ⑧	拍	칠 **박** 치다. 손뼉 치다. 어루만짐.	〈4급〉	拍掌大笑(박장대소) 拍手(박수) 拍車(박차)
辵 5 ⑨	迫	닥칠 **박** 닥치다. 핍박하다.	〈3급2〉	迫頭(박두) 迫力(박력) 迫害(박해) 逼迫(핍박)
十 10 ⑫	博	넓을 **박** 넓다. 크다. 통하다.	〈4급2〉	博物(박물) 博識(박식) 博愛(박애) 博學(박학)
艸 13 ⑰	薄	엷을 · 숲 **박** 엷다. 숲. 적다. 가볍다.	〈3급2〉	薄待(박대) 薄命(박명) 薄學(박학) 輕薄(경박)
又 2 ④	反	돌이킬 **반** 돌이키다. 반대하다.	〈6급〉	反感(반감) 反共(반공) 反對(반대) 反抗(반항)
十 3 ⑤	半	반 **반** 반. 가운데. 조각.	〈6급〉	半減(반감) 半面(반면) 半信半疑(반신반의)
人 5 ⑦	伴	짝 **반** 짝. 모시다. 따르다.	〈3급〉	伴侶(반려) 伴接(반접) 伴奏(반주) 同伴(동반)

| 辵
4
⑧ | 返 | 돌이킬 **반** 〈3급〉
돌아오다. 돌려주다. | 返納(반납) 返送(반송)
返品(반품) 返還(반환) |

| 又
7
⑨ | 叛 | 배반할 **반** 〈3급〉
배반하다. 저버리다. | 叛軍(반군) 叛奴(반노)
叛亂(반란) 叛逆(반역) |

| 玉
6
⑩ | 班 | 나눌 **반** 〈6급〉
나누다. 헤어지다. 차례. | 班家(반가) 班常(반상)
班列(반열) 班長(반장) |

| 舟
4
⑩ | 般 | 옮길 · 일반 **반** 〈3급2〉
옮기다. 돌다. 일반. | 般旋(반선) 般若(반야)
一般(일반) 全般(전반) |

| 食
4
⑬ | 飯 | 밥 **반** 〈3급2〉
밥. 먹다. 먹이다. 기르다. | 飯器(반기) 飯店(반점)
飯酒(반주) 飯饌(반찬) |

| 皿
10
⑮ | 盤 | 소반 · 쟁반 **반** 〈3급2〉
소반. 쟁반. 대야. 받침. | 盤據(반거) 盤根(반근)
盤石(반석) 銀盤(은반) |

| 手
5
⑧ | 拔 | 뺄 **발** 〈3급2〉
빼다. 빼어나다. | 拔群(발군) 拔萃(발췌)
拔本塞源(발본색원) |

| 火
7
⑫ | 發 | 필 **발** 〈6급〉
피다. 일어나다. 쏘다. | 發覺(발각) 發達(발달)
發育(발육) 發行(발행) |

髟 4 ⑮	髮	머리털 **발** 〈4급〉 머리털. 터럭. 초목.	身體髮膚(신체발부) 間髮(간발) 理髮(이발)
方 0 ④	方	모 **방** 〈7급〉 모. 각. 사방. 방위. 성(姓).	方面(방면) 方法(방법) 方位(방위) 方向(방향)
女 4 ⑦	妨	방해할 **방** 〈4급〉 방해하다. 손상하다.	妨礙(방애) 妨止(방지) 妨害(방해) 無妨(무방)
阝 4 ⑦	防	막을 **방** 〈4급2〉 막다. 방비하다. 둑.	防共(방공) 防備(방비) 防止(방지) 防寒(방한)
阝 4 ⑦	邦	나라 **방** 〈3급〉 나라. 봉(封)하다. 도읍.	邦國(방국) 邦語(방어) 萬邦(만방) 異邦(이방)
戶 4 ⑧	房	방 **방** 〈4급2〉 방. 곁방. 집. 아내.	房內(방내) 房門(방문) 房事(방사) 書房(서방)
攵 4 ⑧	放	놓을·본뜰 **방** 〈6급〉 놓다. 내치다. 본뜨다.	放浪(방랑) 放送(방송) 放心(방심) 追放(추방)
艸 4 ⑧	芳	꽃다울 **방** 〈3급2〉 꽃답다. 향기롭다. 향내.	芳年(방년) 芳名(방명) 芳草(방초) 芳香(방향)

부수	한자	훈·음	급수	용례
人 8 ⑩	倣	본받을 **방** 본받다. 모방하다.	〈3급〉	倣刻(방각) 倣古(방고) 倣似(방사) 模倣(모방)
言 4 ⑪	訪	찾을 **방** 찾다. 꾀하다.	〈4급2〉	訪客(방객) 訪問(방문) 來訪(내방) 探訪(탐방)
人 10 ⑫	傍	곁 **방** 곁. 옆.	〈3급〉	傍觀(방관) 傍聽(방청) 傍若無人(방약무인)
木 4 ⑧	杯	잔 **배** 잔. 대접. 국그릇.	〈3급〉	杯盤(배반) 杯酒(배주) 金杯(금배) 祝杯(축배)
手 5 ⑨	拜	절 **배** 절. 절하다. 공경하다.	〈4급2〉	拜見(배견) 拜金(배금) 拜伏(배복) 拜謁(배알)
月 5 ⑨	背	등 **배** 등. 뒤. 등지다. 죽다.	〈4급2〉	背景(배경) 背反(배반) 背恩忘德(배은망덕)
人 8 ⑩	倍	곱 **배** 곱. 갑절. 더하다.	〈5급〉	倍加(배가) 倍償(배상) 倍勝(배승) 倍增(배증)
酉 3 ⑩	配	짝 **배** 짝. 상대. 나누다. 귀양.	〈4급2〉	配給(배급) 配達(배달) 配置(배치) 流配(유배)

부수	한자	훈음	급수	용례
土 8 ⑪	培	북돋을 **배** 북돋우다. 가꾸다. 언덕.	〈3급2〉	培植(배식) 培養(배양) 培土(배토) 栽培(재배)
手 8 ⑪	排	물리칠 **배** 물리치다. 늘어서다. 줄.	〈3급2〉	排擊(배격) 排球(배구) 排泄(배설) 排斥(배척)
車 8 ⑮	輩	무리 **배** 무리. 떼짓다.	〈3급2〉	輩出(배출) 輩行(배항) 年輩(연배) 後輩(후배)
白 0 ⑤	白	흰 **백** 희다. 작위. 밝다. 깨끗하다.	〈8급〉	白眉(백미) 白髮(백발) 白衣從軍(백의종군)
白 1 ⑥	百	일백·힘쓸 **백** 일백. 많다. 모든. 힘쓰다.	〈7급〉	百年(백년) 百聞(백문) 百發百中(백발백중)
人 5 ⑦	伯	맏 **백** 맏이(첫). 우두머리. 작위.	〈3급2〉	伯父(백부) 伯叔(백숙) 伯仲(백중) 伯兄(백형)
田 7 ⑫	番	차례 **번**. 땅이름 **반**, 날랠 **파**	〈6급〉	番犬(번견) 番地(번지) 番號(번호) 當番(당번)
火 9 ⑬	煩	번거로울 **번** 번거롭다. 답답하다.	〈3급〉	煩惱(번뇌) 煩悶(번민) 煩熱(번열) 煩雜(번잡)

糸 11 ⑰	繁	번성할 **번** 번성하다. 많다. 자주.	〈3급2〉	繁盛(번성) 繁榮(번영) 繁殖(번식) 繁昌(번창)
飛 12 ㉑	飜	뒤칠·날 **번** 뒤치다. 날다. 번역.	〈3급〉	飜覆(번복) 飜案(번안) 飜譯(번역) 飜意(번의)
人 4 ⑥	伐	칠 **벌** 치다. 베다. 공적.	〈4급2〉	伐木(벌목) 伐採(벌채) 伐草(벌초) 征伐(정벌)
网 9 ⑭	罰	벌 **벌** 벌. 벌주다. 죄.	〈4급2〉	罰金(벌금) 罰酒(벌주) 罰則(벌칙) 賞罰(상벌)
几 1 ③	凡	무릇·대강 **범** 무릇. 대강. 범상하다.	〈3급2〉	凡例(범례) 凡夫(범부) 凡事(범사) 平凡(평범)
犭 2 ⑤	犯	범할 **범** 범하다. 거스르다. 죄.	〈4급〉	犯法(범법) 犯人(범인) 犯罪(범죄) 犯行(범행)
竹 9 ⑮	範	법·모범 **범** 법. 모범. 본. 항상. 한계.	〈4급〉	範例(범례) 範圍(범위) 範疇(범주) 範則(범칙)
水 5 ⑧	法	법 **법** 법. 방법. 본받다.	〈5급〉	法規(법규) 法度(법도) 法律(법률) 方法(방법)

石
9 ⑭

푸를 · 옥돌 **벽** 〈3급2〉

푸르다. 푸른 옥돌.

碧溪(벽계) 碧空(벽공)
碧玉(벽옥) 碧海(벽해)

土
13 ⑯

바람벽 **벽** 〈4급2〉

바람벽. 벽. 낭떠러지.

壁報(벽보) 壁紙(벽지)
壁土(벽토) 壁畵(벽화)

辛
9 ⑯

분별할 **변**, 〈3급〉

분별하다. 갖출 판, 두루 편

辨理(변리) 辨明(변명)
辨別(변별) 辨證(변증)

辵
15 ⑲

가 **변** 〈4급2〉

가. 곁. 끝. 변방.

邊境(변경) 邊利(변리)
邊方(변방) 周邊(주변)

辛
14 ㉑

말잘할 **변** 〈4급〉

말 잘하다. 판별하다. 따지다.

辯論(변론) 辯士(변사)
辯說(변설) 辯護(변호)

言
16 ㉓

변할 **변** 〈5급〉

변하다. 재앙. 고치다.

變更(변경) 變故(변고)
變德(변덕) 變化(변화)

刀
5 ⑦

다를 · 나눌 **별** 〈6급〉

다르다. 나누다. 헤어지다.

別居(별거) 別途(별도)
別味(별미) 別世(별세)

一
4 ⑤

남녘 **병** 〈3급2〉

남녘. 셋째. 불. 밝다.

丙科(병과) 丙夜(병야)
丙丁(병정) 丙坐(병좌)

부수	한자	훈음	급수	용례
八 5 ⑦	兵	군사 **병** 군인. 무기. 전쟁. 치다.	〈5급〉	兵家常事(병가상사) 兵器(병기) 兵法(병법)
疒 5 ⑩	病	병 **병** 병. 질병. 괴롭다. 병들다.	〈6급〉	病苦(병고) 病菌(병균) 病室(병실) 病患(병환)
立 5 ⑩	竝	아우를 **병** 아우르다. 나란히 서다.	〈3급〉	竝列(병렬) 竝立(병립) 竝設(병설) 竝行(병행)
尸 8 ⑪	屏	병풍 **병** 병풍. 울. 담. 막음.	〈3급〉	屏居(병거) 屏息(병식) 屏迹(병적) 屏風(병풍)
止 3 ⑦	步	걸음 **보** 걸음. 걷다. 운명. 하나.	〈4급2〉	步道(보도) 步調(보조) 步哨(보초) 步行(보행)
人 7 ⑨	保	보호할 **보** 보호하다. 지키다.	〈4급2〉	保守(보수) 保育(보육) 保險(보험) 保護(보호)
土 9 ⑫	報	갚을 **보**, 빨리 **부** 갚다. 알리다. 빨리.	〈4급2〉	報告(보고) 報國(보국) 報答(보답) 報償(보상)
日 8 ⑫	普	넓을 **보** 넓다. 두루. 보통.	〈4급〉	普及(보급) 普施(보시) 普恩(보은) 普通(보통)

部首	漢字	訓音	級數	單語
衣 7 ⑫	補	기울 **보** 옷을 깁다. 돕다.	〈3급2〉	補强(보강) 補給(보급) 補完(보완) 補充(보충)
宀 17 ⑳	寶	보배 **보** 보배. 옥새. 귀하다.	〈4급2〉	寶鑑(보감) 寶劍(보검) 寶庫(보고) 寶物(보물)
言 13 ⑳	譜	적을·계보 **보** 적다. 계보(족보). 악보.	〈3급2〉	譜記(보기) 譜錄(보록) 樂譜(악보) 族譜(족보)
卜 0 ②	卜	점 **복** 점. 점치다. 짐바리.	〈3급〉	卜居(복거) 卜吉(복길) 卜術(복술) 卜債(복채)
人 4 ⑥	伏	엎드릴 **복** 엎드리다. 숨기다. 항복.	〈4급〉	伏乞(복걸) 降伏(항복) 伏地不動(복지부동)
月 4 ⑧	服	옷 **복** 옷. 일하다. 좇다. 약 먹다.	〈6급〉	服飾(복식) 服役(복역) 服用(복용) 服裝(복장)
彳 9 ⑫	復	회복할 **복**, 다시 **부** 회복하다. 돌려보내다. 다시	〈4급2〉	復古(복고) 復舊(복구) 復歸(복귀) 復活(부활)
肉 9 ⑬	腹	배 **복** 배. 두텁다. 껴안다.	〈3급2〉	腹案(복안) 腹部(복부) 腹中(복중) 心腹(심복)

| 示
9
⑭ | 福 | 복 **복** 　　　　　　　〈5급〉
복. 행복. 제육(祭肉). | 福券(복권)　福音(복음)
福祉(복지)　幸福(행복) |

| 衣
9
⑭ | 複 | 겹칠 **복** 　　　　　　　〈4급〉
겹치다. 겹옷. 겹. 거듭. | 複寫(복사)　複式(복식)
複合(복합) |

| 襾
12
⑱ | 覆 | 뒤집힐 **복**, 덮을 **부** 　〈3급2〉
뒤집히다. 넘어지다. 덮다. | 覆蓋(복개)　覆面(복면)
覆杯之水(복배지수) |

| 木
1
⑤ | 本 | 밑·근본 **본** 　　　　　　〈6급〉
밑. 뿌리. 근본. 바탕. 마음. | 本家(본가)　本能(본능)
本來(본래)　本質(본질) |

| 大
5
⑧ | 奉 | 받들 **봉** 　　　　　　　〈5급〉
받들다. 바치다. 기르다. | 奉仕(봉사)　奉養(봉양)
奉祝(봉축)　奉行(봉행) |

| 寸
6
⑨ | 封 | 봉할 **봉** 　　　　　　　〈3급2〉
봉하다. 무덤을 만들다. | 封建(봉건)　封墳(봉분)
封鎖(봉쇄)　封印(봉인) |

| 山
7
⑩ | 峯 | 산봉우리 **봉** 　　　　　〈3급2〉
산봉우리. 메(산). | 峯頭(봉두)　峯雲(봉운)
峯頂(봉정)　高峯(고봉) |

| 辵
7
⑪ | 逢 | 만날 **봉** 　　　　　　　〈3급2〉
만나다. 상봉하다. | 逢迎(봉영)　逢辱(봉욕)
逢着(봉착)　相逢(상봉) |

虫 7 ⑬	**蜂**	벌 **봉** 〈3급〉 벌. 거스르다. 칼끝.	蜂起(봉기) 蜂蜜(봉밀) 蜂巢(봉소) 蜂蝶(봉접)
鳥 3 ⑭	**鳳**	봉새 **봉** 〈3급2〉 봉새(봉황의 수컷).	鳳駕(봉가) 鳳雛(봉추) 鳳枕(봉침) 鳳凰(봉황)
大 1 ④	**夫**	지아비 **부** 〈7급〉 지아비. 사내. 일꾼. 병사.	夫君(부군) 夫婦(부부) 夫人(부인) 夫妻(부처)
父 0 ④	**父**	아비 **부**, 남자미칭 **보** 〈8급〉 아버지. 늙으신네. 아비.	父母(부모) 父子(부자) 父傳子傳(부전자전)
人 3 ⑤	**付**	줄 **부** 〈3급2〉 주다. 부탁하다. 부치다.	付書(부서) 付送(부송) 付與(부여) 付託(부탁)
口 4 ⑦	**否**	아닐 **부**, 막힐 **비** 〈4급〉 아니다. 틀리다. 막히다.	否決(부결) 否認(부인) 否定(부정) 可否(가부)
手 4 ⑦	**扶**	도울 **부** 〈3급2〉 돕다. 붙들다. 곁(옆)길.	扶腋(부액) 扶養(부양) 扶助(부조) 扶持(부지)
广 5 ⑧	**府**	마을·곳집 **부** 〈4급2〉 마을. 관청. 곳집. 고을.	府庫(부고) 府署(부서) 官府(관부) 政府(정부)

阝 5 ⑧	附	붙을 **부** 붙다. 붙이다. 가깝다.	〈3급2〉	附加(부가) 附近(부근) 附錄(부록) 附屬(부속)
貝 2 ⑨	負	짐질 **부** 짐지다. 빚지다. 지다.	〈4급〉	負擔(부담) 負傷(부상) 勝負(승부)
走 2 ⑨	赴	갈·다다를 **부** 가다. 다다르다. 알리다.	〈3급〉	赴擧(부거) 赴告(부고) 赴役(부역) 赴任(부임)
水 7 ⑩	浮	뜰 **부** 뜨다. 띄우다. 낚시.	〈3급2〉	浮動(부동) 浮浪(부랑) 浮游(부유) 浮沈(부침)
女 8 ⑪	婦	며느리 **부** 며느리. 아내. 지어미.	〈4급2〉	婦功(부공) 婦德(부덕) 婦人三從(부인삼종)
竹 5 ⑪	符	부신 **부** 부신. 부적. 도장. 증거.	〈3급2〉	符信(부신) 符籍(부적) 符合(부합) 符號(부호)
阝 8 ⑪	部	나눌·무리 **부** 나누다. 거느리다. 떼.	〈6급〉	部隊(부대) 部落(부락) 部門(부문) 部首(부수)
刀 9 ⑪	副	버금 **부** 버금. 돕다. 둘째. 쪼개다.	〈4급2〉	副啓(부계) 副賞(부상) 副食(부식) 副題(부제)

부수	한자	훈음	급수	예
宀 9 ⑫	富	가멸·부할 **부** 가멸(넉넉하다). 젊다.	〈4급2〉	富貴(부귀) 富有(부유) 富者(부자) 富豪(부호)
肉 8 ⑭	腐	썩을 **부** 썩다. 썩히다. 궁형(宮刑).	〈3급2〉	腐蝕(부식) 腐心(부심) 腐敗(부패) 防腐(방부)
貝 8 ⑮	賦	구실 **부** 구실. 세금. 주다.	〈3급2〉	賦課(부과) 賦與(부여) 賦役(부역) 詩賦(시부)
竹 13 ⑲	簿	장부 **부** 장부. 맡다. 발.	〈3급2〉	簿記(부기) 簿錄(부록) 名簿(명부) 帳簿(장부)
匕 3 ⑤	北	북녘 **북**, 달아날 **배** 북쪽. 달아나다. 패배하다.	〈8급〉	北斗七星(북두칠성) 北方(북방) 敗北(패배)
刀 2 ④	分	나눌 **분**, 푼 **푼** 나누다. 구별하다.	〈6급〉	分期(분기) 分斷(분단) 分別(분별) 分解(분해)
大 5 ⑧	奔	달릴·달아날 **분** 달리다. 도망하다.	〈3급2〉	奔散(분산) 狂奔(광분) 東奔西走(동분서주)
米 4 ⑩	粉	가루 **분** 가루. 분. 분바르다.	〈4급〉	粉骨碎身(분골쇄신) 粉塵(분진) 粉筆(분필)

부수	한자	훈음	급수	용례
糸 4 ⑩	紛	어지러울 **분** 어지럽다. 섞이다.	〈3급2〉	紛糾(분규) 紛亂(분란) 紛失(분실) 紛爭(분쟁)
土 12 ⑮	墳	무덤·봉분 **분** 무덤. 언덕. 책.	〈3급〉	墳墓(분묘) 墳籍(분적) 古墳(고분) 荒墳(황분)
心 12 ⑮	憤	분할 **분** 분하다. 결내다. 번민.	〈4급〉	憤慨(분개) 憤激(분격) 憤怒(분노) 憤敗(분패)
大 13 ⑯	奮	떨칠 **분** 떨치다. 힘쓰다. 성냄.	〈3급2〉	奮激(분격) 奮起(분기) 奮發(분발) 興奮(흥분)
一 3 ④	不	아닐 **불**(부) 아니다. 못하다. 아니.	〈7급〉	不可(불가) 不義(불의) 不正(부정) 不幸(불행)
人 5 ⑦	佛	부처 **불** 부처. 깨닫다. 비슷하다.	〈4급2〉	佛家(불가) 佛供(불공) 佛堂(불당) 佛心(불심)
手 5 ⑧	拂	털·떨칠 **불** 털다. 떨치다. 닦다. 돕다.	〈3급2〉	拂拭(불식) 拂入(불입) 拂下(불하) 支拂(지불)
月 4 ⑧	朋	벗 **붕** 벗. 떼(무리). 쌍.	〈3급〉	朋友有信(붕우유신) 朋黨(붕당) 朋輩(붕배)

부수	한자	훈음	급수	용례
山 8 ⑪	崩	산무너질 **붕** 산 무너지다. 쓰러지다.	〈3급〉	崩壞(붕괴) 崩落(붕락) 崩御(붕어) 崩塌(붕탑)
比 0 ④	比	견줄 **비** 견주다. 비교하다. 비율.	〈5급〉	比較(비교) 比等(비등) 比例(비례) 比率(비율)
女 3 ⑥	妃	왕비 **비**, 짝 **배** 왕비. 짝(배필). 짝짓다.	〈3급2〉	妃嬪(비빈) 妃子(비자) 妃匹(비필) 王妃(왕비)
手 4 ⑦	批	비평할 **비** 비평하다. 손으로 치다.	〈4급〉	批答(비답) 批准(비준) 批判(비판) 批評(비평)
十 6 ⑧	卑	낮을 **비** 지위가 낮다. 천하다.	〈3급2〉	卑怯(비겁) 卑屈(비굴) 卑劣(비열) 卑賤(비천)
肉 4 ⑧	肥	살찔 **비** 살찌다. 기름지다. 거름.	〈3급2〉	肥大(비대) 肥料(비료) 肥滿(비만) 肥沃(비옥)
非 0 ⑧	非	아닐 **비** 아니다. 그르다. 어긋나다.	〈4급2〉	非難(비난) 非理(비리) 非一非再(비일비재)
飛 0 ⑨	飛	날 **비** 날다. 날리다. 높다.	〈4급2〉	飛翔(비상) 飛雪(비설) 飛躍(비약) 飛行(비행)

示 5 ⑩	祕	숨길 **비** 〈4급〉 숨기다. 신비롭다.	祕訣(비결) 祕記(비기) 祕密(비밀) 祕書(비서)
女 8 ⑪	婢	계집종 **비** 〈3급2〉 계집종. 첩. 자기를 낮춤.	婢僕(비복) 婢子(비자) 婢妾(비첩) 奴婢(노비)
人 10 ⑫	備	갖출 **비** 〈4급2〉 갖추다. 준비하다.	備考(비고) 備蓄(비축) 備置(비치) 備品(비품)
心 8 ⑫	悲	슬플 **비** 〈4급2〉 슬프다. 슬퍼하다. 슬픔.	悲觀(비관) 悲劇(비극) 悲哀(비애) 悲痛(비통)
貝 5 ⑫	費	쓸 **비** 〈5급〉 쓰다. 소비하다. 비용.	費目(비목) 費用(비용) 消費(소비) 學費(학비)
石 8 ⑬	碑	비석 **비** 〈4급〉 비석. 돌기둥.	碑銘(비명) 碑文(비문) 碑石(비석) 口碑(구비)
鼻 0 ⑭	鼻	코 **비** 〈5급〉 코. 처음. 시작. 비롯하다.	鼻骨(비골) 鼻孔(비공) 鼻笑(비소) 鼻祖(비조)
貝 4 ⑪	貧	가난할 **빈** 〈4급2〉 가난하다. 모자라다.	貧家(빈가) 貧困(빈곤) 貧富(빈부) 貧弱(빈약)

貝 7 ⑭	**賓**	손 **빈** 손님. 묵다. 대접하다.	〈3급〉	賓客(빈객) 賓禮(빈례) 國賓(국빈) 來賓(내빈)
頁 7 ⑯	**頻**	자주 **빈** 자주. 급하다.	〈3급〉	頻度(빈도) 頻發(빈발) 頻煩(빈번) 頻出(빈출)
水 1 ⑤	**氷**	얼음 **빙** 얼음. 얼다. 차고 맑다.	〈5급〉	氷結(빙결) 氷菓(빙과) 氷壁(빙벽) 氷點(빙점)
耳 7 ⑬	**聘**	부를 **빙** 부르다. 찾다. 장가들다.	〈3급〉	聘母(빙모) 聘用(빙용) 聘丈(빙장) 招聘(초빙)
士 0 ③	**士**	선비 **사** 선비. 벼슬. 남자. 무사.	〈5급〉	士農工商(사농공상) 士林(사림) 壯士(장사)
己 0 ③	**巳**	뱀 **사** 뱀. 여섯째 지지.	〈3급〉	巳時(사시) 巳月(사월) 巳初(사초) 己巳(기사)
人 3 ⑤	**仕**	벼슬 **사** 벼슬. 벼슬하다. 섬기다.	〈5급〉	仕途(사도) 仕路(사로) 仕宦(사환) 奉仕(봉사)
口 2 ⑤	**司**	맡을 **사** 맡다. 벼슬. 마을.	〈3급2〉	司諫(사간) 司牧(사목) 司法(사법) 司祭(사제)

부수	한자	훈음	급수	용례
口 2 ⑤	史	역사 **사** 역사. 사기. 사관(史官).	〈5급〉	史觀(사관) 史記(사기) 史蹟(사적) 歷史(역사)
口 2 ⑤	四	넉·사방 **사** 넷. 네 번. 사방.	〈8급〉	四面楚歌(사면초가) 四方(사방) 四色(사색)
寸 3 ⑥	寺	절 **사**, 관청 **시** 절. 마을. 내시. 관청.	〈4급2〉	寺門(사문) 寺院(사원) 寺田(사전) 寺刹(사찰)
歹 2 ⑥	死	죽을 **사** 죽다. 죽음. 주검.	〈6급〉	死境(사경) 死亡(사망) 死傷(사상) 死活(사활)
人 5 ⑦	似	같을 **사** 같다. 흉내 내다. 잇다.	〈3급〉	似而非(사이비) 近似(근사) 類似(유사)
水 4 ⑦	沙	모래 **사** 모래. 물가. 사막.	〈3급2〉	沙工(사공) 沙丘(사구) 沙金(사금) 沙漠(사막)
阝 4 ⑦	邪	간사할 **사**, 간사하다. 어긋나다. 그런가.	〈3급2〉	邪敎(사교) 邪念(사념) 邪惡(사악) 奸邪(간사)
禾 2 ⑦	私	사사 **사** 사사. 사사롭다. 개인. 은밀.	〈4급〉	私利(사리) 私服(사복) 私心(사심) 公私(공사)

	훈·음	급수	용례
丨 7 ⑧ **事**	일 **사** 일하다. 섬기다. 경영하다.	〈7급〉	事件(사건) 事物(사물) 事典(사전) 事情(사정)
人 6 ⑧ **使**	하여금 **사** 하여금. 부리다. 사신.	〈6급〉	使命(사명) 使臣(사신) 使用(사용) 使節(사절)
示 3 ⑧ **社**	모일 **사** 모이다. 단체. 땅귀신.	〈6급〉	社交(사교) 社稷(사직) 社說(사설) 社會(사회)
示 3 ⑧ **祀**	제사 **사** 제사지내다. 해(年).	〈3급2〉	祀天(사천) 奉祀(봉사) 祭祀(제사) 從祀(종사)
舌 2 ⑧ **舍**	집 **사** 집. 머무르다. 버리다.	〈4급2〉	舍監(사감) 舍廊(사랑) 舍利(사리) 舍兄(사형)
心 5 ⑨ **思**	생각할 **사** 생각하다. 그리워하다.	〈5급〉	思考(사고) 思慕(사모) 思想(사상) 思索(사색)
木 5 ⑨ **查**	조사할 **사** 조사하다. 사돈. 뗏목.	〈5급〉	查頓(사돈) 查閱(사열) 查察(사찰) 調査(조사)
寸 7 ⑩ **射**	쏠 **사**, 맞힐 **석**, 싫어할 **역**, 벼슬이름 **야**	〈4급〉	射殺(사살) 射手(사수) 射中(석중) 發射(발사)

巾 7 ⑩	師	스승 **사** 스승. 선생. 군대.	〈4급2〉	師團(사단) 師道(사도) 師弟(사제) 師表(사표)
手 8 ⑪	捨	버릴 **사** 버리다. 내버려두다.	〈3급〉	捨身(사신) 喜捨(희사) 取捨選擇(취사선택)
斗 7 ⑪	斜	비낄 **사**, 이름 **야** 비끼다. 비스듬하다. 이름.	〈3급2〉	斜傾(사경) 斜面(사면) 斜視(사시) 斜陽(사양)
虫 5 ⑪	蛇	뱀 **사** 뱀. 뱀이 기어가는 모양.	〈3급2〉	蛇足(사족) 毒蛇(독사) 龍頭蛇尾(용두사미)
斤 8 ⑫	斯	이·찍을 **사** 이. 이것. 찍다.	〈3급〉	斯界(사계) 斯道(사도) 斯學(사학) 如斯(여사)
糸 6 ⑫	絲	실 **사** 실. 명주실. 현악기.	〈4급〉	絲雨(사우) 絲竹(사죽) 絹絲(견사) 綿絲(면사)
言 5 ⑫	詐	속일 **사** 속이다. 거짓.	〈3급〉	詐欺(사기) 詐謀(사모) 詐取(사취) 詐稱(사칭)
言 5 ⑫	詞	말·고할 **사** 말. 고하다. 청하다.	〈3급2〉	詞賦(사부) 詞林(사림) 詞兄(사형) 歌詞(가사)

| 宀
12
⑮ | 寫 | 베낄 **사**　　　　〈5급〉
베끼다. 본뜨다. 그리다. | 寫生(사생)　寫影(사영)
寫眞(사진)　複寫(복사) |

| 貝
8
⑮ | 賜 | 줄 **사**　　　　〈3급〉
주다. 하사하다. 받다. | 賜藥(사약)　賜死(사사)
賜饌(사찬)　下賜(하사) |

| 言
10
⑰ | 謝 | 사례할 **사**　　　　〈4급2〉
사례하다. 사례. 거절. | 謝過(사과)　謝禮(사례)
謝絶(사절)　謝罪(사죄) |

| 辛
12
⑲ | 辭 | 말 **사**　　　　〈4급〉
말. 말하다. 고하다. | 辭讓(사양)　辭意(사의)
辭典(사전)　祝辭(축사) |

| 刀
7
⑨ | 削 | 깎을 **삭**　　　　〈3급2〉
깎다. 빼앗다. 침범하다. | 削減(삭감)　削髮(삭발)
削奪官職(삭탈관직) |

| 月
6
⑩ | 朔 | 초하루 **삭**　　　　〈3급〉
초하루. 처음. 북녘. | 朔望(삭망)　朔月(삭월)
朔風(삭풍)　正朔(정삭) |

| 山
0
③ | 山 | 메 · 무덤 **산**　　　　〈8급〉
메. 무덤. 분묘. 사찰. | 山間(산간)　山林(산림)
山川草木(산천초목) |

| 生
6
⑪ | 産 | 낳을 **산**　　　　〈5급〉
낳다. 나다. 일어나다. | 産苦(산고)　産卵(산란)
産物(산물)　産出(산출) |

攵 8 ⑫	散	흩어질 **산** 〈4급〉 흩다. 흩어지다. 떨어지다.	散亂(산란) 散漫(산만) 散文(산문) 散策(산책)
竹 8 ⑭	算	셈할 **산** 〈7급〉 셈하다. 바구니. 산가지.	算數(산수) 算術(산술) 算定(산정) 檢算(검산)
殳 7 ⑪	殺	죽일 **살**, 감할 **쇄** 〈4급2〉 죽이다. 없애다. 베다.	殺菌(살균) 相殺(상쇄) 殺身成仁(살신성인)
一 2 ③	三	석 · 자주 **삼** 〈8급〉 셋. 세 번. 자주. 거듭.	三角(삼각) 三綱(삼강) 三日天下(삼일천하)
木 8 ⑫	森	수풀 **삼** 〈3급2〉 수풀. 나무. 빽빽하다.	森羅萬象(삼라만상) 森林(삼림) 森列(삼렬)
一 2 ③	上	위 · 오를 **상** 〈7급〉 위. 높다. 임금. 오르다.	上監(상감) 上京(상경) 上客(상객) 上級(상급)
广 4 ⑦	床	평상 **상** 〈4급2〉 평상. 마루. 우물난간.	床褓(상보) 床石(상석) 飯床(반상) 平床(평상)
小 5 ⑧	尙	오히려 **상** 〈3급2〉 오히려. 숭상하다.	尙古(상고) 尙今(상금) 尙存(상존) 崇尙(숭상)

部首	漢字	訓音	級數	用例
目 4 ⑨	相	서로 **상** 서로. 바탕. 따르다. 보다.	〈5급〉	相談(상담) 相對(상대) 相通(상통) 相互(상호)
木 6 ⑩	桑	뽕나무 **상** 뽕잎 따다. 뽕나무.	〈3급2〉	桑林(상림) 桑葉(상엽) 桑田碧海(상전벽해)
犬 4 ⑧	狀	형상 **상**, 문서 **장** 형상. 모양. 용모. 문서.	〈4급2〉	狀態(상태) 狀況(상황) 賞狀(상장) 狀啓(장계)
口 8 ⑪	商	장사 · 헤아릴 **상** 장사하다. 헤아리다. 장수.	〈5급〉	商街(상가) 商圈(상권) 商業(상업) 商品(상품)
巾 8 ⑪	常	항상 **상** 항상. 늘. 떳떳하다. 보통.	〈4급2〉	常例(상례) 常綠(상록) 常識(상식) 常套(상투)
示 6 ⑪	祥	상서로울 · 복 **상** 상서롭다. 좋다. 조짐.	〈3급〉	祥瑞(상서) 祥雲(상운) 祥兆(상조) 吉祥(길상)
口 9 ⑫	喪	복입을 · 잃을 **상** 복 입다. 잃다. 망하다.	〈3급2〉	喪家(상가) 喪禮(상례) 喪服(상복) 喪失(상실)
豕 5 ⑫	象	코끼리 **상** 코끼리. 본뜨다. 상아.	〈4급〉	象牙塔(상아탑) 象徵(상징) 抽象(추상)

부수	한자	훈음	급수	용례
人 11 ⑬	傷	다칠·상할 **상** 다치다. 상하다. 해치다.	〈4급〉	傷心(상심) 傷處(상처) 傷害(상해) 傷痕(상흔)
心 9 ⑬	想	생각할 **상** 생각하다. 희망하다.	〈4급2〉	想起(상기) 想念(상념) 想望(상망) 豫想(예상)
言 6 ⑬	詳	자세할 **상** 자세하다. 상세하다.	〈3급2〉	詳考(상고) 詳細(상세) 未詳(미상) 仔詳(자상)
人 12 ⑭	像	형상 **상** 형상. 모양. 본뜨다. 닮다.	〈3급2〉	像形(상형) 石像(석상) 映像(영상) 現像(현상)
口 11 ⑭	嘗	맛볼 **상** 맛보다. 시험하다. 일찍.	〈3급〉	嘗膽(상담) 嘗糞(상분) 未嘗不(미상불)
衣 8 ⑭	裳	치마 **상** 치마. 아랫도리. 옷.	〈3급2〉	裳衣(상의) 羅裳(나상) 綠衣紅裳(녹의홍상)
貝 8 ⑮	賞	상줄 **상** 상 주다. 칭찬하다.	〈5급〉	賞罰(상벌) 賞勳(상훈) 論功行賞(논공행상)
人 15 ⑰	償	갚을 **상** 갚다. 보답하다. 배상.	〈3급2〉	償金(상금) 償債(상채) 償還(상환) 賠償(배상)

부수	한자	훈음	급수	용례
雨 9 ⑰	霜	서리 **상** 서리. 백발. 흰머리.	〈3급2〉	霜降(상강) 霜露(상로) 霜雪(상설) 秋霜(추상)
土 10 ⑬	塞	변방 **새**, 막을 **색** 변방. 요새. 보루. 막다.	〈3급2〉	塞翁之馬(새옹지마) 要塞(요새) 閉塞(폐색)
色 0 ⑥	色	빛 **색** 빛깔. 낯빛. 꾸미다.	〈7급〉	色盲(색맹) 色相(색상) 色卽是空(색즉시공)
糸 4 ⑩	索	찾을 **색**, 노 **삭** 찾다. 새끼줄(노). 바라다.	〈3급2〉	索引(색인) 索出(색출) 索道(삭도) 索莫(삭막)
生 0 ⑤	生	날·기를 **생** 나다. 낳다. 살다. 자라다.	〈8급〉	生涯(생애) 生活(생활) 生老病死(생로병사)
西 0 ⑥	西	서녘·서양 **서** 서쪽. 서양. 깃들다.	〈8급〉	西歐(서구) 西海(서해) 聲東擊西(성동격서)
广 4 ⑦	序	차례 **서** 차례. 차례 매김. 담.	〈5급〉	序曲(서곡) 序論(서론) 序文(서문) 序列(서열)
日 6 ⑩	書	글 **서** 글. 책. 쓰다. 글씨.	〈6급〉	書庫(서고) 書記(서기) 書類(서류) 書籍(서적)

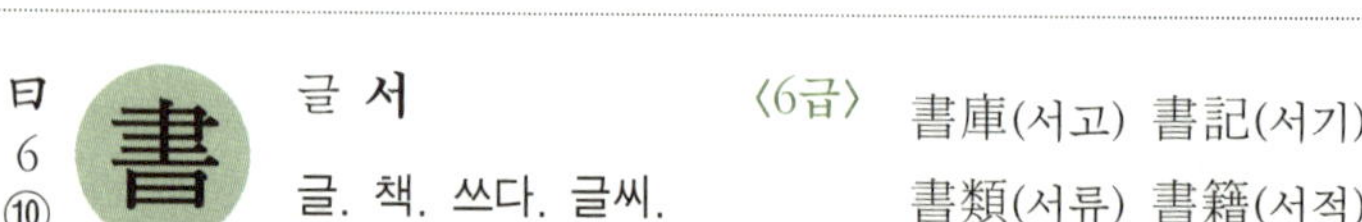

心 6 ⑩	恕	용서할 **서** 〈3급2〉 용서하다. 어질다.	恕思(서사) 寬恕(관서) 容恕(용서)
彳 7 ⑩	徐	천천할 **서** 〈3급2〉 천천하다. 느릿하다.	徐來(서래) 徐步(서보) 徐徐(서서) 徐行(서행)
辵 7 ⑪	逝	갈 **서** 〈3급〉 가다. 죽다. 미치다.	逝去(서거) 逝世(서세) 急逝(급서) 夭逝(요서)
广 8 ⑪	庶	무리 **서** 〈3급〉 무리. 여러. 많다. 살찌다.	庶母(서모) 庶務(서무) 庶務(서무) 嫡庶(적서)
攴 7 ⑪	敍	차례·펼 **서** 〈3급〉 차례. 순서. 펴다.	敍論(서론) 敍事(서사) 敍述(서술) 敍任(서임)
日 9 ⑬	暑	더울 **서** 〈3급〉 덥다. 더위. 여름.	暑氣(서기) 暑伏(서복) 暑炎(서염) 處暑(처서)
四 9 ⑭	署	관청 **서** 〈3급2〉 관청. 부서. 임명하다.	署理(서리) 署名(서명) 官署(관서) 部署(부서)
言 7 ⑭	誓	맹세할 **서** 〈3급〉 맹세하다. 약속. 경계.	誓約(서약) 誓言(서언) 誓願(서원) 盟誓(맹서)

糸 9 ⑮	緖	실마리 **서** 실마리. 실. 나머지.	〈3급2〉	緖論(서론) 緖言(서언) 緖業(서업) 情緖(정서)
夕 0 ③	夕	저녁 **석** 저녁. 저물다. 밤. 끝.	〈7급〉	夕刊(석간) 夕陽(석양) 朝聞夕死(조문석사)
石 0 ⑤	石	돌 **석** 돌. 단단하다. 단위(섬).	〈6급〉	石物(석물) 石像(석상) 石造(석조) 石塔(석탑)
日 4 ⑧	昔	옛 **석** 옛. 옛적. 어저께.	〈3급〉	昔年(석년) 昔人(석인) 昔日(석일) 今昔(금석)
木 4 ⑧	析	쪼갤 **석** 쪼개다. 가르다. 나누다.	〈3급〉	析出(석출) 分析(분석) 解析(해석)
巾 7 ⑩	席	자리 **석** 자리. 베풀다. 깔다.	〈6급〉	席次(석차) 座席(좌석) 席藁待罪(석고대죄)
心 8 ⑪	惜	아낄 **석** 아끼다. 애처롭게 여기다.	〈3급2〉	惜愍(석민) 惜別(석별) 惜敗(석패) 哀惜(애석)
釆 13 ⑳	釋	풀 **석** 풀다. 해석. 내놓다	〈3급2〉	釋迦牟尼(석가모니) 釋放(석방) 釋然(석연)

부수	한자	훈음	급수	용례
人 3 ⑤	仙	신선 **선** 신선. 뛰어나다. 날듯하다.	〈5급〉	仙境(선경) 神仙(선신) 仙風道骨(선풍도골)
儿 4 ⑥	先	먼저·앞설 **선** 먼저. 앞. 조상. 앞서다.	〈8급〉	先覺(선각) 先烈(선열) 先祖(선조) 先親(선친)
宀 6 ⑨	宣	베풀 **선** 베풀다. 널리 펴다. 밝히다.	〈4급〉	宣明(선명) 宣誓(선서) 宣言(선언) 宣傳(선전)
方 7 ⑪	旋	돌 **선** 회전하다. 되돌아오다.	〈3급2〉	旋律(선율) 旋風(선풍) 旋律(선율) 凱旋(개선)
舟 5 ⑪	船	배 **선** 배. 옷깃.	〈5급〉	船路(선로) 船舶(선박) 船首(선수) 船員(선원)
口 9 ⑫	善	착할 **선** 착하다. 좋아하다. 친하다.	〈5급〉	善良(선량) 善處(선처) 善行(선행) 最善(최선)
糸 9 ⑮	線	줄 **선** 줄. 실.	〈6급〉	線路(선로) 線上(선상) 線形(선형) 曲線(곡선)
辶 12 ⑯	選	가릴 **선** 가리다. 뽑다. 보내다.	〈5급〉	選擧(선거) 選手(선수) 選任(선임) 選擇(선택)

부수	한자	훈음	급수	용례
示 12 ⑰	禪	선위할·선 **선** 선위하다. 고요하다.	〈3급2〉	禪道(선도) 禪師(선사) 禪讓(선양) 參禪(참선)
魚 6 ⑰	鮮	고울·생선 **선** 곱다. 새롭다. 싱싱하다.	〈5급〉	鮮度(선도) 鮮明(선명) 鮮血(선혈) 新鮮(신선)
舌 0 ⑥	舌	혀 **설** 혀. 말.	〈4급〉	舌戰(설전) 舌禍(설화) 口舌(구설) 筆舌(필설)
雨 3 ⑪	雪	눈 **설** 눈(이 오다). 씻다.	〈6급〉	雪景(설경) 雪辱(설욕) 雪上加霜(설상가상)
言 4 ⑪	設	베풀 **설** 베풀다. 세우다. 주연.	〈4급2〉	設計(설계) 設立(설립) 設問(설문) 設定(설정)
言 7 ⑭	說	말씀 **설**, 기쁠 **열**, 달랠 **세**	〈5급〉	說往說來(설왕설래) 說明(설명) 悅樂(열락)
水 7 ⑩	涉	건널 **섭** 건너다. 거닐다. 통하다.	〈3급〉	涉獵(섭렵) 涉外(섭외) 交涉(교섭)
手 18 ㉑	攝	당길 **섭** 당기다. 쥐다. 가지다.	〈3급〉	攝理(섭리) 攝生(섭생) 攝政(섭정) 攝取(섭취)

부수	한자	훈음	급수	용례
戈 3 ⑦	成	이룰 **성** 이루다. 무성하다. 다스림.	〈6급〉	成功(성공) 成果(성과) 成就(성취) 成敗(성패)
心 5 ⑧	性	성품 **성** 성품. 천성. 성질. 바탕.	〈5급〉	性格(성격) 性能(성능) 性質(성질) 性品(성품)
女 5 ⑧	姓	성 **성** 성. 아들. 씨족. 겨레.	〈7급〉	姓名不知(성명부지) 姓銜(성함) 姓鄕(성향)
日 5 ⑨	星	별 **성** 별. 세월. 점치다.	〈4급2〉	星霜(성상) 星座(성좌) 占星術(점성술)
目 4 ⑨	省	살필 **성**, 줄일 **생** 살피다. 분명하다. 줄이다.	〈6급〉	省墓(성묘) 省察(성찰) 省略(생략) 歸省(귀성)
土 7 ⑩	城	재 **성** 재. 성벽. 도읍. 나라.	〈4급2〉	城郭(성곽) 城樓(성루) 城池(성지) 邑城(읍성)
皿 7 ⑫	盛	성할 **성** 성하다. 많다. 담다. 바리.	〈4급2〉	盛年(성년) 盛德(성덕) 盛況(성황) 豊盛(풍성)
耳 7 ⑬	聖	성인 **성** 성인(聖人). 성스럽다.	〈4급2〉	聖歌(성가) 聖恩(성은) 聖人(성인) 樂聖(악성)

	誠	정성 **성** 〈4급2〉	誠金(성금) 誠心(성심)
言 7 ⑭		정성. 진실. 삼가다.	誠意(성의) 忠誠(충성)
耳 11 ⑰	聲	소리 **성** 〈4급2〉 소리. 목소리. 말. 음악.	聲帶(성대) 聲明(성명) 聲援(성원) 聲討(성토)
一 4 ⑤	世	인간 **세** 〈7급〉 인간. 세대. 한 해. 시대.	世界(세계) 世代(세대) 世上(세상) 世波(세파)
水 6 ⑨	洗	씻을 **세** 〈5급〉 씻다. 세면기. 깨끗하다.	洗腦(세뇌) 洗禮(세례) 洗手(세수) 洗足(세족)
糸 5 ⑪	細	가늘 **세** 〈4급2〉 가늘다. 자세하다.	細目(세목) 細密(세밀) 細心(세심) 仔細(자세)
禾 7 ⑫	稅	구실 **세** 〈4급2〉 구실. 세납. 놓다.	稅關(세관) 稅金(세금) 稅吏(세리) 稅務(세무)
力 11 ⑬	勢	기세 **세** 〈4급2〉 기세. 권세. 형세.	勢家(세가) 勢道(세도) 勢力(세력) 氣勢(기세)
止 9 ⑬	歲	해·세월 **세** 〈5급〉 해. 새해. 나이. 세월.	歲旦(세단) 歲拜(세배) 歲時(세시) 歲月(세월)

		작을 **소** 〈8급〉	小心(소심) 小作(소작)
小 0 ③	小	작다. 적다. 낮다. 어리다.	小貪大失(소탐대실)
小 1 ④	少	적을·젊을 **소** 〈7급〉 적다. 작다. 낮다. 어리다.	少量(소량) 小壯(소장) 少年少女(소년소녀)
口 2 ⑤	召	부를 **소** 〈3급〉 부르다. 청하다.	召命(소명) 召集(소집) 召喚(소환) 召還(소환)
戶 4 ⑧	所	바 **소** 〈7급〉 바. 곳. 경우. 도리. 있다.	所感(소감) 所見(소견) 所望(소망) 住所(주소)
日 5 ⑨	昭	밝을 **소** 〈3급〉 밝다. 밝히다. 나타나다.	昭光(소광) 昭明(소명) 昭詳(소상) 昭昏(소혼)
竹 4 ⑩	笑	웃을 **소** 〈4급2〉 웃다. 웃음꽃이 피다.	笑劇(소극) 微笑(미소) 談笑(담소)
水 7 ⑩	消	사라질·끌 **소** 〈6급〉 사라지다. 끌다. 사라지게하다.	消却(소각) 消滅(소멸) 消費(소비) 消化(소화)
糸 4 ⑩	素	흴·바탕 **소** 〈4급2〉 희다. 본디. 평소. 바탕.	素朴(소박) 素材(소재) 素養(소양) 素質(소질)

手 8 ⑪	掃	쓸 소 쓸다. 없애다. 토벌.	〈4급2〉	掃滅(소멸) 掃除(소제) 掃蕩(소탕) 淸掃(청소)
疋 7 ⑫	疏	트일·틀 소 트이다. 적다. 거칠다.	〈3급2〉	疏密(소밀) 疏外(소외) 疏遠(소원) 疏脫(소탈)
言 5 ⑫	訴	하소연 할 소 하소연하다. 헐뜯다.	〈3급2〉	訴訟(소송) 訴冤(소원) 訴狀(소장) 訴追(소추)
艸 11 ⑮	蔬	나물 소 나물(푸성귀). 성기다.	〈3급〉	蔬果(소과) 蔬飯(소반) 蔬食(소식) 菜蔬(채소)
火 12 ⑯	燒	불사를 소 불사르다. 불나다.	〈3급2〉	燒却(소각) 燒死(소사) 燒失(소실) 燒滅(소멸)
艸 16 ⑳	蘇	깨어날 소 깨어나다. 소생. 차조기.	〈3급2〉	蘇莖(소경) 蘇聯(소련) 蘇生(소생) 蘇子(소자)
馬 10 ⑳	騷	떠들·시끄러울 소 떠들다. 소동. 근심.	〈3급〉	騷動(소동) 騷亂(소란) 騷擾(소요) 騷音(소음)
木 3 ⑦	束	묶을 속 묶다. 띠 매다. 약속하다.	〈5급〉	結束(결속) 約束(약속) 束手無策(속수무책)

부수	한자	훈음	급수	단어
人 7 ⑨	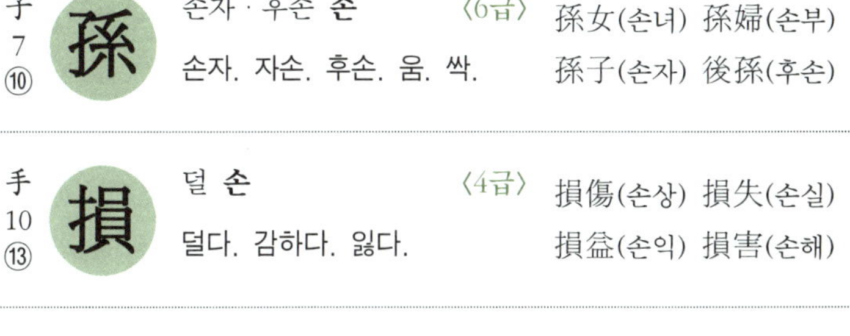俗	풍속 **속** 풍속. 속되다. 속인.	〈4급2〉	俗界(속계) 俗談(속담) 俗語(속어) 風俗(풍속)
辵 7 ⑪	速	빠를 **속** 빠르다. 빨리. 부르다.	〈6급〉	速度(속도) 速報(속보) 速戰速決(속전속결)
米 6 ⑫	粟	조 **속** 조. 벼. 곡식. 녹미.	〈3급〉	粟豆(속두) 粟粒(속립) 粟麥(속맥) 粟散(속산)
糸 15 ㉑	續	이을 **속** 잇다. 공적.	〈4급2〉	續刊(속간) 續出(속출) 續行(속행) 相續(상속)
尸 18 ㉑	屬	붙을 **속**, 부탁할 **촉** 붙다. 엮다. 잇다. 부탁하다.	〈4급〉	屬國(속국) 屬性(속성) 屬地(속지) 金屬(금속)
子 7 ⑩	孫	손자·후손 **손** 손자. 자손. 후손. 움. 싹.	〈6급〉	孫女(손녀) 孫婦(손부) 孫子(손자) 後孫(후손)
手 10 ⑬	損	덜 **손** 덜다. 감하다. 잃다.	〈4급〉	損傷(손상) 損失(손실) 損益(손익) 損害(손해)
木 4 ⑧	松	소나무 **송** 소나무. 솔.	〈4급〉	松炬(송거) 松柏(송백) 松栮(송이) 松津(송진)

辵 6 ⑩	送	보낼 **송** 보내다. 전송하다.	〈4급2〉	送稿(송고) 送別(송별) 放送(방송) 電送(전송)
言 4 ⑪	訟	송사할 **송** 송사하다. 시비하다.	〈3급2〉	訟事(송사) 訟案(송안) 訟諜(송첩) 訴訟(소송)
頁 4 ⑬	頌	기릴 **송** 기리다. 칭송하다.	〈4급〉	頌歌(송가) 頌德(송덕) 頌詩(송시) 頌祝(송축)
言 7 ⑭	誦	읽을 **송** 읽다. 외다. 읊다.	〈3급〉	誦經(송경) 誦讀(송독) 誦呪(송주) 暗誦(암송)
刀 6 ⑧	刷	인쇄할 **쇄** 인쇄하다. 닦다. 쓸다.	〈3급2〉	刷掃(쇄소) 刷新(쇄신) 刷行(쇄행) 印刷(인쇄)
金 10 ⑱	鎖	쇠사슬 **쇄** 쇠사슬. 잠그다. 자물쇠.	〈3급2〉	鎖甲(쇄갑) 鎖國(쇄국) 鎖港(쇄항) 封鎖(봉쇄)
衣 4 ⑩	衰	쇠할 **쇠**, 상복 **최** 쇠하다. 약해지다. 상복.	〈3급2〉	衰老(쇠로) 衰亡(쇠망) 衰弱(쇠약) 衰退(쇠퇴)
水 0 ④	水	물·별자리 **수** 물. 하천. 별자리.	〈8급〉	水道(수도) 水産(수산) 水魚之交(수어지교)

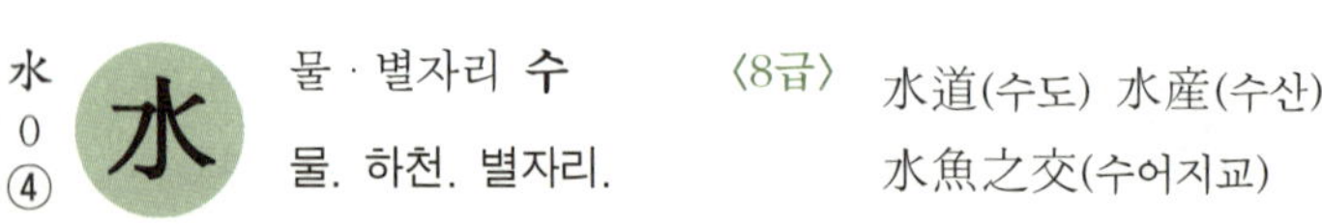

手 0 ④	**手**	손 **수** 　　　　　　　〈7급〉 손. 손가락. 팔. 손바닥.	手巾(수건) 手記(수기) 手段(수단) 手足(수족)
口 2 ⑤	**囚**	가둘 **수** 　　　　　　　〈3급〉 가두다. 죄수. 옥(獄).	囚禁(수금) 囚役(수역) 囚人(수인) 罪囚(죄수)
宀 3 ⑥	**守**	지킬 **수** 　　　　　　　〈4급2〉 지키다. 보살피다. 임무.	守備(수비) 守成(수성) 守則(수칙) 看守(간수)
攴 2 ⑥	**收**	거둘 **수** 　　　　　　　〈4급2〉 거두다. 모으다. 잡다.	收買(수매) 收益(수익) 收入(수입) 收穫(수확)
禾 2 ⑦	**秀**	빼어날 **수** 　　　　　　〈4급〉 빼어나다. 꽃. 꽃이 피다.	秀麗(수려) 秀雅(수아) 秀才(수재) 俊秀(준수)
又 6 ⑧	**受**	받을 **수** 　　　　　　　〈4급2〉 받다. 받아들이다. 당하다.	受講(수강) 受難(수난) 受諾(수락) 受信(수신)
土 5 ⑧	**垂**	드리울 **수** 　　　　　　〈3급2〉 드리우다. 가장자리.	垂簾(수렴) 垂淚(수루) 垂楊(수양) 垂直(수직)
首 0 ⑨	**首**	머리 **수** 　　　　　　　〈5급〉 머리. 첫머리. 우두머리. 요처.	首肯(수긍) 首都(수도) 首相(수상) 首席(수석)

部首	漢字	訓音	級數	用例

人
8
⑩
修
닦을 **수** 〈4급2〉
닦다. 익히다. 다스리다.
修道(수도) 修飾(수식)
修身齊家(수신제가)

巾
6
⑨
帥
장수 **수**, 거느릴 **솔** 〈3급2〉
장수. 인솔자. 거느리다.
帥長(수장) 帥先(솔선)
元帥(원수) 將帥(장수)

歹
6
⑩
殊
다를 **수** 〈3급2〉
다르다. 죽이다. 베다.
殊常(수상) 殊勳(수훈)
特殊(특수)

手
8
⑪
授
줄 **수** 〈4급2〉
주다. 가르치다. 임명하다.
授戒(수계) 授受(수수)
授業(수업) 授與(수여)

頁
3
⑫
須
모름지기 **수** 〈3급〉
모름지기. 수염.
須眉(수미) 須髮(수발)
須庾(수유) 必須(필수)

手
10
⑬
搜
찾을 **수** 〈3급〉
찾다. 가리다. 많다.
搜査(수사) 搜索(수색)
搜集(수집) 搜探(수탐)

辵
9
⑬
遂
이룰 **수** 〈3급〉
이루다. 따르다.
遂城(수성) 遂行(수행)
完遂(완수)

心
9
⑬
愁
근심할 **수** 〈3급2〉
근심하다. 슬퍼하다. 시름.
愁眉(수미) 愁色(수색)
愁心(수심) 哀愁(애수)

部首	漢字	訓音	級數	用例
目 8 ⑬	睡	졸 **수** 졸다. 자다. 잠.	〈3급〉	睡魔(수마) 睡眠(수면) 假睡(가수) 午睡(오수)
士 11 ⑭	壽	목숨 **수** 목숨. 나이. 장수.	〈3급2〉	壽命(수명) 長壽(장수) 壽福康寧(수복강녕)
雨 6 ⑭	需	구할 **수** 구하다. 요구. 기다리다.	〈3급2〉	需給(수급) 需要(수요) 需用(수용) 特需(특수)
攴 11 ⑮	數	셀 **수**, 자주 **삭** 세다. 셈. 몇. 자주.	〈7급〉	數量(수량) 數理(수리) 數値(수치) 數數(삭삭)
言 8 ⑮	誰	누구 **수** 누구. 접때. 무엇.	〈3급〉	誰某(수모) 誰昔(수석) 誰哉(수재) 誰何(수하)
阝 13 ⑯	隨	따를 **수** 따르다. 거느리다.	〈3급2〉	隨感(수감) 隨想(수상) 隨時(수시) 隨筆(수필)
木 12 ⑯	樹	나무 **수** 나무. 심다. 세우다.	〈6급〉	樹根(수근) 樹立(수립) 樹木(수목) 植樹(식수)
車 9 ⑯	輸	보낼 **수** 보내다. 실어 나르다. 알리다.	〈3급2〉	輸送(수송) 輸入(수입) 輸出(수출) 輸血(수혈)

佳 9 ⑰	雖	비록 **수** 〈3급〉 비록. 만일. 하물며.	雖千萬人吾往 (수천만인오왕)
犬 15 ⑲	獸	짐승 **수** 〈3급2〉 짐승. 포. 말린 고기.	獸心(수심) 獸慾(수욕) 獸醫(수의) 野獸(야수)
又 6 ⑧	叔	아재비 **숙** 〈4급〉 아재비. 삼촌. 어리다.	叔季(숙계) 叔父(숙부) 叔姪(숙질) 外叔(외숙)
宀 8 ⑪	宿	잘 **숙**, 별자리 **수** 〈5급〉 자다. 머무는 집. 별자리(星座).	宿泊(숙박) 宿所(숙소) 宿直(숙직) 星宿(성수)
水 8 ⑪	淑	착할·맑을 **숙** 〈3급2〉 착하다. 맑다. 사모하다.	淑女(숙녀) 淑德(숙덕) 淑美(숙미) 貞淑(정숙)
子 8 ⑪	孰	누구 **숙** 〈3급〉 누구. 어느. 익다. 끓다.	孰廬(숙려) 孰成(숙성) 孰誰(숙수) 孰與(숙여)
聿 7 ⑬	肅	엄숙할 **숙** 〈4급〉 엄숙하다. 삼가다.	肅拜(숙배) 肅然(숙연) 肅淸(숙청)
火 11 ⑮	熟	익을 **숙** 〈3급2〉 익다. 익숙하다. 익히다.	熟考(숙고) 熟達(숙달) 熟讀(숙독) 能熟(능숙)

부수	한자	훈·음	급수	단어
日 2 ⑥	旬	열흘 순 열흘. 열 번. 두루 미치다.	〈3급2〉	旬刊(순간) 旬年(순년) 旬朔(순삭) 七旬(칠순)
巛 4 ⑦	巡	돌·순행할 순 돌다. 돌아다니다. 순행하다.	〈3급2〉	巡警(순경) 巡禮(순례) 巡行(순행) 巡廻(순회)
歹 6 ⑩	殉	따라죽을 순 따라 죽다. 목숨 바치다. 구하다.	〈3급〉	殉敎(순교) 殉國(순국) 殉節(순절) 殉職(순직)
糸 4 ⑩	純	순수할 순 순수하다. 생사(生絲).	〈4급2〉	純潔(순결) 純朴(순박) 純粹(순수) 純情(순정)
肉 7 ⑪	脣	입술 순 입술. 가. 언저리. 맞다.	〈3급〉	脣舌(순설) 脣音(순음) 丹脣皓齒(단순호치)
彳 9 ⑫	循	좇을 순 좇다. 돌아다니다. 돌다.	〈3급〉	循理(순리) 循次(순차) 循行(순행) 循環(순환)
頁 3 ⑫	順	순할·차례 순 순하다. 좇다. 차례.	〈5급〉	順理(순리) 順序(순서) 順應(순응) 順從(순종)
目 12 ⑰	瞬	눈깜짝할 순 눈 깜짝하다. 잠깐.	〈3급2〉	瞬間(순간) 一瞬(일순) 瞬息間(순식간)

부수	한자	훈음	급수	용례
戈 2 ⑥	戌	개 · 열한째지지 **술** 〈3급〉 개(犬). 열한째 지지.		戌年(술년) 戌方(술방) 戌削(술삭) 戌時(술시)
辵 5 ⑨	述	지을 **술** 〈3급2〉 짓다. 말하다. 저술.		述語(술어) 述懷(술회) 口述(구술) 敍述(서술)
行 5 ⑪	術	재주 · 꾀 **술** 〈6급〉 재주. 기술. 꾀. 도(道).		術策(술책) 技術(기술) 權謀術數(권모술수)
山 8 ⑪	崇	높을 **숭** 〈4급〉 높다. 존중하다. 모으다.		崇高(숭고) 崇德(숭덕) 崇拜(숭배) 崇尙(숭상)
手 6 ⑨	拾	주울 **습**, 열 **십** 〈3급2〉 줍다. 칼집. 열. 팔지. 오르다.		拾得(습득) 拾遺(습유) 收拾(수습)
羽 5 ⑪	習	익힐 **습** 〈6급〉 익히다. 익숙하다. 버릇.		習慣(습관) 習得(습득) 習性(습성) 習作(습작)
水 14 ⑰	濕	젖을 **습** 〈3급2〉 젖다. 축축하다. 습기.		濕氣(습기) 濕度(습도) 濕地(습지) 濕疹(습진)
衣 16 ㉒	襲	엄습할 **습** 〈3급2〉 엄습하다. 계승하다.		襲擊(습격) 襲衣(습의) 襲取(습취) 掩襲(엄습)

手 4 ⑧	承	받들·이을 **승** 받들다. 잇다. 건지다.	〈4급2〉	承諾(승낙) 承服(승복) 承認(승인) 承統(승통)
日 4 ⑧	昇	오를 **승** 오르다. 올리다.	〈3급2〉	昇降(승강) 承繼(승계) 昇進(승진) 昇遐(승하)
ノ 9 ⑩	乘	탈·수레 **승** 타다. 태우다. 오르다.	〈3급2〉	乘客(승객) 乘馬(승마) 乘除(승제) 便乘(편승)
力 10 ⑫	勝	이길 **승** 이기다. 낫다. 성하다.	〈6급〉	勝負(승부) 勝敗(승패) 百戰百勝(백전백승)
人 12 ⑭	僧	중 **승** 중. 승려.	〈3급2〉	僧尼(승니) 僧堂(승당) 僧侶(승려) 僧舞(승무)
巾 2 ⑤	市	저자 **시** 저자. 시가. 행정구역.	〈7급〉	市街(시가) 市價(시가) 市民(시민) 市場(시장)
矢 0 ⑤	矢	화살 **시** 화살. 벌여놓다. 맹세하다.	〈3급〉	矢石(시석) 矢心(시심) 弓矢(궁시) 嚆矢(효시)
示 0 ⑤	示	보일 **시** 보이다. 가르치다. 알리다.	〈5급〉	示範(시범) 示達(시달) 示唆(시사) 示威(시위)

人 6 ⑧	**侍**	모실 **시** 〈3급2〉 모시다. 기르다. 임하다.	侍女(시녀) 侍臣(시신) 侍衛(시위) 侍從(시종)
女 5 ⑧	**始**	비로소 **시** 〈6급〉 비로소. 시작하다. 비롯됨.	始動(시동) 始末(시말) 始作(시작) 始祖(시조)
方 5 ⑨	**施**	베풀 **시** 〈4급2〉 베풀다. 주다. 쓰다.	施賞(시상) 施設(시설) 施主(시주) 施行(시행)
日 5 ⑨	**是**	이·옳을 **시** 〈4급2〉 이. 이것. 여기. 옳다.	是是非非(시시비비) 是認(시인) 如是(여시)
日 6 ⑩	**時**	때 **시** 〈7급〉 때. 시간. 때때로.	時刻(시각) 時間(시간) 時局(시국) 時代(시대)
見 5 ⑫	**視**	볼 **시** 〈4급2〉 보다. 본받다. 견주다.	視覺(시각) 視線(시선) 視察(시찰) 凝視(응시)
言 6 ⑬	**詩**	시·귀글 **시** 〈4급2〉 시. 시경(詩經). 귀글.	詩歌(시가) 詩經(시경) 詩劇(시극) 詩文(시문)
言 6 ⑬	**試**	시험할 **시** 〈4급2〉 시험하다. 다듬다.	試圖(시도) 試鍊(시련) 試合(시합) 試驗(시험)

弋 3 ⑥	式	법 **식** 〈6급〉 법. 본받다. 닦다. 의식.	式辭(식사) 式順(식순) 式場(식장) 公式(공식)
食 0 ⑨	食	밥 **식**, 밥 **사**, 이름 **이** 〈7급〉 밥. 먹을거리. 먹다. 이름.	食單(식단) 食量(식량) 食慾(식욕) 飮食(음식)
心 6 ⑩	息	숨쉴·쉴 **식** 〈4급2〉 숨쉬다. 쉬다. 자식.	息錢(식전) 息止(식지) 子息(자식) 休息(휴식)
木 8 ⑫	植	심을 **식** 〈7급〉 심다. 초목. 재목.	植木(식목) 植物(식물) 植民(식민) 植字(식자)
食 5 ⑭	飾	꾸밀 **식** 〈3급2〉 꾸미다. 덮다. 장식.	飾辭(식사) 飾言(식언) 假飾(가식) 裝飾(장식)
言 12 ⑲	識	알 **식**, 적을 **지**, 갓발 **치** 〈5급〉 알다. 인정하다. 적다. 깃발.	識見(식견) 識別(식별) 識者(식자) 標識(표지)
田 0 ⑤	申	납·펼 **신** 〈4급2〉 납. 거듭. 펴다. 성(姓).	申告(신고) 申請(신청) 申申付託(신신부탁)
臣 0 ⑥	臣	신하 **신** 〈5급〉 신하. 백성. 섬기다. 종.	臣僚(신료) 臣妾(신첩) 臣下(신하) 君臣(군신)

人 5 ⑦	伸	펼 **신** 〈3급〉 펴다. 늘다. 기지개.	伸寃(신원) 伸張(신장) 伸縮(신축) 屈伸(굴신)
身 0 ⑦	身	몸 **신** 〈6급〉 몸. 아이 배다. 몸소.	身分(신분) 身體(신체) 身言書判(신언서판)
辛 0 ⑦	辛	매울 **신** 〈3급〉 맵다. 독하다. 괴롭다.	辛苦艱難(신고간난) 辛辣(신랄) 辛酸(신산)
人 7 ⑨	信	믿을 **신** 〈6급〉 믿다. 신표. 소식. 맡기다.	信念(신념) 信仰(신앙) 信用(신용) 信任(신임)
示 5 ⑩	神	귀신 **신** 〈6급〉 귀신. 혼. 절대자. 정신.	神經(신경) 神童(신동) 神靈(신령) 精神(정신)
日 7 ⑪	晨	새벽 **신** 〈3급〉 새벽. 닭 울다. 별이름.	晨光(신광) 晨鷄(신계) 晨旦(신단) 晨省(신성)
心 10 ⑬	愼	삼갈 **신** 〈3급2〉 삼가다. 이루다.	愼黙(신묵) 愼言(신언) 愼重(신중) 勤愼(근신)
斤 9 ⑬	新	새 **신** 〈6급〉 새. 새로운. 새로워지다.	新規(신규) 新綠(신록) 新聞(신문) 新設(신설)

大 2 ⑤	失	잃을 **실** 〈6급〉 잃다. 잘못. 졸렬. 서투름.	失格(실격) 失望(실망) 失言(실언) 失業(실업)
宀 6 ⑨	室	집·아내 **실** 〈8급〉 집. 방. 거처. 아내. 가족.	室內(실내) 居室(거실) 密室(밀실)
宀 11 ⑭	實	열매 **실** 〈5급〉 열매. 결실. 실하다.	實感(실감) 實果(실과) 實理(실리) 實存(실존)
心 0 ④	心	마음 **심** 〈7급〉 마음. 생각. 가슴. 가운데.	心琴(심금) 心身(심신) 心醉(심취) 心血(심혈)
甘 4 ⑨	甚	심할·무엇 **심** 〈3급2〉 심하다. 깊다. 무엇.	甚難(심난) 甚惡(심악) 甚至於(심지어)
水 8 ⑪	深	깊을 **심** 〈4급2〉 깊다. 깊게 하다. 심히.	深刻(심각) 深奧(심오) 深思熟考(심사숙고)
寸 9 ⑫	尋	찾을 **심** 〈3급〉 찾다. 캐묻다. 생각.	尋聞(심문) 尋訪(심방) 尋常(심상)
宀 12 ⑮	審	살필 **심** 〈3급2〉 살피다. 자세하다.	審問(심문) 審查(심사) 審議(심의) 審判(심판)

十 0 ②	十	열 **십** 　　　　　　〈8급〉 열 번째. 완전하다. 전부.	十年知己(십년지기) 十匙一飯(십시일반)
隹 10 ⑱	雙	쌍·견줄 **쌍** 　　　　〈3급2〉 쌍. 견주다. 한 쌍. 짝.	雙劍(쌍검)　雙方(쌍방) 雙璧(쌍벽)
氏 0 ④	氏	뿌리 **씨**, 나라이름 **지** 〈4급〉 뿌리. 각시. 성씨. 나라이름.	氏譜(씨보)　氏族(씨족) 無名氏(무명씨)
牙 0 ④	牙	어금니·바퀴테 **아** 〈3급2〉 어금니. 상아. 바퀴테.	牙旗(아기)　牙城(아성) 牙音(아음)　象牙(상아)
戈 3 ⑦	我	나 **아** 　　　　　　〈3급2〉 나. 나의. 자기. 우리.	我國(아국)　無我(무아) 我田引水(아전인수)
二 6 ⑧	亞	버금 **아** 　　　　　〈3급2〉 버금. 다음. 동서.	亞流(아류)　亞鉛(아연) 亞細亞(아세아)
儿 6 ⑧	兒	아이 **아** 　　　　　〈5급〉 아이. 유아.	兒童(아동)　兒名(아명) 兒孩(아해)　健兒(건아)
艸 4 ⑧	芽	싹 **아** 　　　　　　〈3급2〉 싹. 싹트다. 조짐. 처음.	芽甲(아갑)　芽椄(아접) 發芽(발아)　出芽(출아)

부수	한자	훈음	급수	용례
阝 5 ⑧	阿	언덕 **아** 언덕. 구릉. 구석.	〈3급2〉	阿丘(아구) 阿那(아나) 阿附(아부) 阿諂(아첨)
隹 4 ⑫	雅	바를·우아할 **아** 바르다. 우아하다. 악기.	〈3급2〉	雅淡(아담) 雅量(아량) 雅趣(아취) 雅號(아호)
食 7 ⑯	餓	주릴 **아** 주리다. 굶주림.	〈3급〉	餓鬼(아귀) 餓死(아사) 飢餓(기아)
山 5 ⑧	岳	큰산 **악** 큰 산. 벼슬이름. 장인.	〈3급〉	岳頭(악두) 岳母(악모) 岳父(악부) 山岳(산악)
心 8 ⑫	惡	악할 **악**, 미워할 **오** 악하다. 미워하다. 불길하다.	〈5급〉	惡談(악담) 惡名(악명) 惡評(악평) 憎惡(증오)
宀 3 ⑥	安	편안할 **안** 편안하다. 즐기다. 성(姓).	〈7급〉	安寧(안녕) 安樂(안락) 安貧樂道(안빈낙도)
山 5 ⑧	岸	언덕 **안** 언덕. 높다. 뛰어나다.	〈3급2〉	岸畔(안반) 岸壁(안벽) 岸邊(안변) 海岸(해안)
木 6 ⑩	案	책상 **안** 책상. 방석. 생각. 편안.	〈5급〉	案件(안건) 案內(안내) 案堵(안도) 案席(안석)

目 6 ⑪	眼	눈 **안** 〈4급2〉 눈. 보다. 요점. 구멍.	眼鏡(안경) 眼帶(안대) 眼下無人(안하무인)
隹 4 ⑫	雁	기러기 **안** 〈3급〉 기러기	雁影(안영) 雁序(안서) 雁書(안서) 雁行(안항)
頁 9 ⑱	顔	얼굴 **안** 〈3급2〉 얼굴. 이마. 편액(현판).	顔料(안료) 顔面(안면) 顔色(안색) 龍顔(용안)
言 9 ⑯	謁	뵐·아뢸 **알** 〈3급〉 뵈다. 아뢰다. 참배.	謁廟(알묘) 謁聖(알성) 謁見(알현) 拜謁(배알)
日 9 ⑬	暗	어두울 **암** 〈4급2〉 어둡다. 밤. 몰래. 외다.	暗記(암기) 暗澹(암담) 暗中摸索(암중모색)
山 20 ㉓	巖	바위 **암** 〈3급2〉 바위. 가파르다. 굴.	巖窟(암굴) 巖盤(암반) 巖壁(암벽)
手 5 ⑧	押	누를 **압** 〈3급〉 누르다. 수결. 찍다.	押留(압류) 押送(압송) 押收(압수) 押印(압인)
土 14 ⑰	壓	누를 **압** 〈4급2〉 누르다. 항복받다.	壓倒(압도) 壓力(압력) 壓迫(압박) 壓制(압제)

部首	漢字	訓音	級數	單語
大 2 ⑤	央	가운데 **앙** 가운데. 중앙. 끝남.	〈3급2〉	央求(앙구) 央屬(앙속) 央央(앙앙) 中央(중앙)
人 4 ⑥	仰	우러러볼 **앙** 우러러보다. 사모하다.	〈3급2〉	仰望(앙망) 仰視(앙시) 慕仰(모앙) 信仰(신앙)
歹 5 ⑨	殃	재앙 **앙** 재앙. 패하다. 해 끼치다.	〈3급〉	殃罰(앙벌) 殃禍(앙화) 災殃(재앙)
口 6 ⑨	哀	슬플 **애** 슬프다. 민망. 상중(喪中).	〈3급2〉	哀乞伏乞(애걸복걸) 哀悼(애도) 哀愁(애수)
水 8 ⑪	涯	물가 **애** 물가. 물가 언덕. 가.	〈3급〉	涯角(애각) 涯分(애분) 涯岸(애안) 生涯(생애)
心 9 ⑬	愛	사랑 **애** 사랑. 사랑하다. 사모.	〈6급〉	愛國(애국) 愛惜(애석) 愛情(애정) 愛好(애호)
厂 2 ④	厄	재앙 **액** 재앙. 변고. 나무의 옹이.	〈3급〉	厄難(액난) 厄運(액운) 厄禍(액화) 災厄(재액)
水 8 ⑪	液	즙·액체 **액** 즙. 진액. 액체.	〈4급2〉	液狀(액상) 液汁(액즙) 液體(액체) 液化(액화)

部首	字	訓音	級	用例
頁 9 ⑱	額	이마 **액** 〈4급〉 이마. 액자. 편액.		額面(액면) 額數(액수) 額子(액자) 額字(액자)
乙 2 ③	也	어조사 **야** 〈3급〉 어조사. 또. 이. 잇기.		也有(야유) 也矣(야의) 也乎哉(야호재)
夕 5 ⑧	夜	밤 **야** 〈6급〉 밤. 쉬다. 어둡다.		夜景(야경) 夜學(야학) 錦衣夜行(금의야행)
耳 3 ⑨	耶	그런가 **야** 〈3급〉 그런가. 어조사. 아버지.		耶蘇(야소) 耶孃(야양) 有耶無耶(유야무야)
里 4 ⑪	野	들 **야** 〈6급〉 들. 마을. 변두리. 농막.		野談(야담) 野黨(야당) 野望(야망) 野慾(야욕)
糸 3 ⑨	約	묶을 · 약속할 **약** 〈5급〉 약속하다. 묶다. 따르다.		約款(약관) 約束(약속) 約定(약정) 約婚(약혼)
艸 5 ⑨	若	같을 **약**, 반야 **야** 〈3급2〉 같다. 서. 너. 그. 이. 반야.		若干(약간) 般若(반야) 若是若是(약시약시)
弓 7 ⑩	弱	약할 **약** 〈6급〉 약하다. 어리다. 패하다.		弱骨(약골) 弱點(약점) 弱肉强食(약육강식)

艸 15 ⑲	藥	약 **약** 〈6급〉 약. 치료하다.	藥果(약과)　藥局(약국) 藥房(약방)　靈藥(영약)
足 14 ㉑	躍	뛸 **약** 〈3급〉 뛰다. 뛰어오르다.	躍起(약기)　躍動(약동) 躍進(약진)　跳躍(도약)
羊 0 ⑥	羊	양 **양** 〈4급2〉 양. 상서롭다.	羊頭狗肉(양두구육) 亡羊之歎(망양지탄)
水 6 ⑨	洋	큰바다 **양** 〈6급〉 큰 바다. 큰 물결. 넓고큼.	洋弓(양궁)　洋服(양복) 大洋(대양)　海洋(해양)
木 9 ⑫	揚	오를·드날릴 **양** 〈3급2〉 오르다. 드날리다.	揚名(양명)　揚水(양수) 得意揚揚(득의양양)
阝 9 ⑫	陽	볕 **양** 〈6급〉 볕. 양지. 밝다. 양기	陽刻(양각)　陽氣(양기) 陽地(양지)　陰陽(음양)
木 9 ⑬	楊	버들 **양** 〈3급〉 버들. 버드나무.	楊柳(양류)　楊枝(양지) 枯楊生華(고양생화)
木 11 ⑮	樣	모양 **양** 〈4급〉 모양. 본보기.	樣相(양상)　樣式(양식) 樣態(양태)　模樣(모양)

부수	한자	훈음	급수	한자어
食 6 ⑮	養	기를·봉양할 **양** 기르다. 봉양하다. 가르치다.	〈5급〉	養老(양로) 養成(양성) 養護(양호)
土 17 ⑳	壤	흙덩이 **양** 흙덩이. 땅. 구역.	〈3급2〉	肥壤(비양) 土壤(토양) 天壤之差(천양지차)
言 17 ㉔	讓	사양할 **양** 사양하다. 겸손하다.	〈3급2〉	讓渡(양도) 讓步(양보) 讓位(양위) 謙讓(겸양)
方 4 ⑧	於	어조사 **어**, 탄식할 **오** 어조사. 있다. 탄식하다.	〈3급〉	於中間(어중간) 於此彼(어차피)
彳 8 ⑪	御	어거할 **어** 어거하다. 부리다. 모시다.	〈3급2〉	御駕(어가) 御使(어사) 御用(어용) 御札(어찰)
魚 0 ⑪	魚	고기 **어** 물고기. 좀벌레.	〈5급〉	魚頭肉尾(어두육미) 魚卵(어란) 魚網(어망)
水 11 ⑭	漁	고기잡을 **어** 고기잡다. 어부.	〈5급〉	漁父之利(어부지리) 漁場(어장)
言 7 ⑭	語	말씀·알릴 **어** 말씀. 깨우치다. 알리다.	〈7급〉	語句(어구) 語源(어원) 語不成說(어불성설)

부수	한자	훈음	급수	단어
手 4 ⑦	抑	누를 **억** 누르다. 굽히다. 막다.	〈3급2〉	抑壓(억압) 抑揚(억양) 抑何心情(억하심정)
人 13 ⑮	億	억 **억** 억. 많다. 헤아리다.	〈5급〉	億劫(억겁) 億測(억측) 億兆蒼生(억조창생)
心 13 ⑯	憶	생각할 **억** 생각하다. 기억하다.	〈3급2〉	憶起(억기) 憶昔(억석) 記憶(기억) 追憶(추억)
言 0 ⑦	言	말씀 **언** 말씀. 말하다. 말씨.	〈6급〉	言及(언급) 言行(언행) 言文一致(언문일치)
火 7 ⑪	焉	어찌 **언** 어찌. 이에. 이. 곧. 즉.	〈3급〉	焉敢生心(언감생심) 焉哉乎也(언재호야)
口 17 ⑳	嚴	엄할 **엄** 엄하다. 경계하다. 삼가다.	〈4급〉	嚴禁(엄금) 嚴罰(엄벌) 嚴冬雪寒(엄동설한)
木 9 ⑬	業	직업 **업** 직업. 생계. 기초.	〈6급〉	業務(업무) 業績(업적) 修業(수업) 職業(직업)
亅 3 ④	予	나·줄 **여** 나(1인칭). 주다. 함께하다.	〈3급〉	予寧(여녕) 予奪(여탈) 予取予求(여취여구)

부수	漢字	訓音	級數	뜻풀이	例語
水 3 ⑥	汝	너 **여**	〈3급〉	너. 강이름. 성씨.	汝等(여등) 汝曹(여조) 爾汝(이여)
女 3 ⑥	如	같을 **여**	〈4급2〉	같다. 같게 하다. 따르다.	如今(여금) 如是(여시) 如如(여여) 如意(여의)
人 5 ⑦	余	나 **여**	〈3급〉	나. 음력 4월. 나머지.	余等(여등) 余輩(여배) 余月(여월)
白 7 ⑬	與	줄·참여할 **여**	〈4급〉	주다. 참여하다. 편들다.	與件(여건) 與黨(여당) 與民同樂(여민동락)
食 7 ⑯	餘	남을 **여**	〈4급2〉	남다. 나머지. 여가. 뒤.	餘暇(여가) 餘念(여념) 餘白(여백) 餘裕(여유)
車 10 ⑰	輿	수레·가마 **여**	〈3급〉	수레. 싣다. 가마. 대중.	輿論(여론) 輿人(여인) 輿地圖(여지도)
亠 4 ⑥	亦	또·또한 **역**	〈3급2〉	또. 또한. 모두. 다스리다.	亦是(역시) 亦然(역연) 亦參其中(역참기중)
彳 4 ⑦	役	부릴 **역**	〈3급2〉	부리다. 병사. 일하다.	役軍(역군) 役事(역사) 役員(역원) 役割(역할)

부수	한자	훈음	급수	용례
日 4 ⑧	易	바꿀 **역**, 쉬울 **이** 바꾸다. 주역. 쉽다.	〈4급〉	易學(역학) 容易(용이) 易地思之(역지사지)
疒 4 ⑨	疫	돌림병·염병 **역** 돌림병. 염병. 역귀(疫鬼).	〈3급2〉	疫病(역병) 疫神(역신) 檢疫(검역) 免疫(면역)
辵 6 ⑩	逆	거스를 **역** 거스르다. 거절하다.	〈4급2〉	逆境(역경) 逆襲(역습) 逆情(역정) 逆行(역행)
土 8 ⑪	域	지경 **역** 지경. 구역. 나라. 경제.	〈4급〉	域內(역내) 域外(역외) 聖域(성역) 地域(지역)
言 13 ⑳	譯	번역할 **역** 번역하다. 통변하다.	〈3급2〉	譯官(역관) 譯書(역서) 譯者(역자) 飜譯(번역)
馬 13 ㉓	驛	역참 **역** 역참. 역마. 정거장.	〈3급2〉	驛馬(역마) 驛夫(역부) 驛捨(역사) 驛站(역참)
廴 4 ⑦	延	끌·늘일 **연** 끌다. 늘이다. 미치다.	〈4급〉	延期(연기) 延命(연명) 延長(연장) 延着(연착)
水 5 ⑧	沿	따를·물가 **연** 따르다. 물가. 언저리.	〈3급2〉	沿道(연도) 沿岸(연안) 沿海(연해) 沿革(연혁)

부수	한자	훈음	급수	용례
石 6 ⑪	研	갈 · 벼루 **연**	〈4급2〉	研究(연구) 研修(연수) 研磨(연마) 研鑽(연찬)
		갈다. 궁구하다. 벼루.		
宀 7 ⑩	宴	잔치 **연**	〈3급2〉	宴樂(연락) 宴席(연석) 宴會(연회) 壽宴(수연)
		잔치. 즐기다. 편안하다.		
車 4 ⑪	軟	연할 **연**	〈3급2〉	軟膏(연고) 軟弱(연약) 軟性(연성) 軟化(연화)
		연하다. 부드럽다. 연약하다.		
火 8 ⑫	然	그러할 **연**	〈7급〉	然故(연고) 然則(연즉) 然後(연후) 當然(당연)
		그러하다. 이것. 또. 승낙.		
火 9 ⑬	煙	연기 **연**	〈4급2〉	煙氣(연기) 煙幕(연막) 煙霧(연무) 煙霞(연하)
		연기. 연기 나다.		
金 5 ⑬	鉛	납 **연**	〈4급〉	鉛管(연관) 鉛粉(연분) 鉛版(연판) 鉛筆(연필)
		납. 백분. 따르다.		
水 11 ⑭	演	펼 **연**	〈4급2〉	演劇(연극) 演技(연기) 演說(연설) 演習(연습)
		펴다. 행하다. 연극하다.		
糸 9 ⑮	緣	가선 · 인연 **연**	〈4급〉	緣故(연고) 因緣(인연) 緣木求魚(연목구어)
		가선. 인연. 가장자리.		

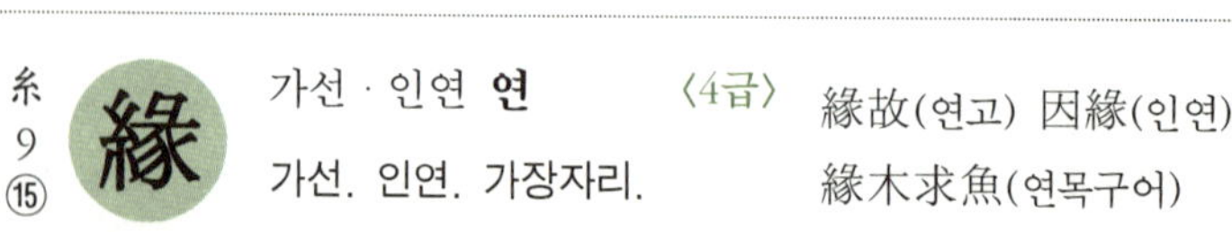

火 12 ⑯	燃	사를 **연** 〈4급〉 사르다. 타다. 불태우다.	燃料(연료) 燃燒(연소) 燃眉之急(연미지급)
火 12 ⑯	燕	제비 · 연나라 **연** 〈3급2〉 제비. 잔치. 연나라.	燕樂(연락) 燕尾(연미) 燕安(연안) 燕雀(연작)
心 7 ⑩	悅	기뻐할 **열** 〈3급2〉 기뻐하다. 즐겁다. 기쁨.	悅樂(열락) 悅愛(열애) 悅好(열호) 喜悅(희열)
火 11 ⑮	熱	더울 **열** 〈5급〉 덥다. 더워지다. 더위.	熱氣(열기) 熱望(열망) 熱愛(열애) 熱中(열중)
門 7 ⑮	閱	볼 · 검열할 **열** 〈3급〉 보다. 살펴보다. 검열하다.	閱覽(열람) 閱兵(열병) 閱月(열월) 檢閱(검열)
火 4 ⑧	炎	불꽃 **염** 〈3급2〉 불꽃. 불타다. 말 잘하다.	炎凉(염량) 炎署(염서) 炎天(염천) 火炎(화염)
木 5 ⑨	染	물들일 **염** 〈3급2〉 물들이다. 적시다. 물들다.	染色(염색) 染料(염료) 染草(염초) 汚染(오염)
鹵 13 ㉔	鹽	소금 · 절일 **염** 〈3급2〉 소금. 절이다. 매료.	鹽分(염분) 鹽藏(염장) 鹽田(염전) 製鹽(제염)

木 9 ⑬	葉	잎 **엽**, 성 **섭** 〈5급〉 잎. 뽕. 시대. 끝. 책.	葉書(엽서) 落葉(낙엽) 一葉片舟(일엽편주)
水 1 ⑤	永	길 **영** 〈6급〉 길다. 깊다. 멀다.	永劫(영겁) 永眠(영면) 永遠(영원) 永世(영세)
水 5 ⑧	泳	헤엄칠 **영** 〈3급〉 헤엄치다. 자맥질하다.	泳法(영법) 背泳(배영) 水泳(수영) 平泳(평영)
辵 4 ⑧	迎	맞을 · 마중할 **영** 〈4급〉 맞이하다. 마중하다.	迎送(영송) 迎賓(영빈) 迎接(영접) 歡迎(환영)
艸 5 ⑨	英	꽃부리 · 뛰어날 **영** 〈6급〉 꽃부리. 꽃장식. 뛰어나다.	英傑(영걸) 英斷(영단) 英雄(영웅) 英才(영재)
日 5 ⑨	映	비칠 **영** 〈4급〉 비치다. 빛나다. 햇빛.	映寫(영사) 映像(영상) 映窓(영창) 映畵(영화)
言 5 ⑫	詠	읊을 **영** 〈3급〉 읊다. 노래하다. 시가.	詠歌(영가) 詠歎(영탄) 誦詠(송영) 吟詠(음영)
木 10 ⑭	榮	영화 **영** 〈4급2〉 영화. 꽃. 즐기다.	榮光(영광) 榮華(영화) 榮枯盛衰(영고성쇠)

부수	한자	훈음	급수	용례
彡 12 ⑮	影	그림자 **영** 그림자. 모양. 화상. 빛.	〈3급2〉	影堂(영당) 影像(영상) 影幀(영정) 影響(영향)
火 13 ⑰	營	경영할 **영** 경영하다. 경영. 진영.	〈4급〉	營利(영리) 營業(영업) 營養(영양) 經營(경영)
金 7 ⑮	銳	날카로울 **예** 날카롭다. 창 끝.	〈3급〉	銳利(예리) 銳敏(예민) 銳鋒(예봉) 精銳(정예)
豕 9 ⑯	豫	미리 **예** 미리. 즐기다. 즐거움.	〈4급〉	豫防(예방) 豫習(예습) 豫言(예언) 豫約(예약)
艸 15 ⑲	藝	재주 **예** 재주. 글. 학문.	〈4급2〉	藝能(예능) 藝術(예술) 武藝(무예) 手藝(수예)
言 14 ㉑	譽	명예 **예** 명예. 영예. 기리다.	〈3급2〉	譽望(예망) 譽言(예언) 名譽(명예) 榮譽(영예)
二 2 ④	五	다섯 **오** 다섯. 다섯 번.	〈8급〉	五穀百果(오곡백과) 五里霧中(오리무중)
十 2 ④	午	낮 **오** 낮. 일곱째지지. 엇갈리다.	〈7급〉	午睡(오수) 午前(오전) 午餐(오찬) 正午(정오)

水 3 ⑥	**汚**	더러울 · 씻을 **오** 더럽다. 괸 물. 씻다.	〈3급〉	汚吏(오리)　汚名(오명) 汚染(오염)　汚辱(오욕)
口 4 ⑦	**吾**	나 **오** 나. 우리. 소원하다.	〈3급〉	吾等(오등)　吾兄(오형) 吾不關焉(오불관언)
火 6 ⑩	**烏**	까마귀 **오** 까마귀. 검다.	〈3급2〉	烏飛梨落(오비이락) 烏合之卒(오합지졸)
心 7 ⑩	**悟**	깨달을 **오** 깨닫다. 슬기롭다. 깨우침.	〈3급2〉	悟覺(오각)　悟性(오성) 悟悅(오열)　慧悟(혜오)
女 7 ⑩	**娛**	즐길 **오** 즐기다. 즐거워하다. 즐거움.	〈3급〉	娛樂(오락)　娛笑(오소) 娛遊(오유)　娛嬉(오희)
口 10 ⑬	**嗚**	탄식할 **오** 탄식하다. 노랫소리.	〈3급〉	嗚咽(오열)　嗚嗚(오오) 嗚泣(오읍)　嗚呼(오호)
人 11 ⑬	**傲**	거만할 **오** 거만하다. 업신여기다.	〈3급〉	傲慢(오만)　驕傲(교오) 傲霜孤節(오상고절)
言 7 ⑭	**誤**	그릇될 **오** 그릇되다. 잘못하다. 틀림.	〈4급2〉	誤記(오기)　誤謬(오류) 誤算(오산)　誤審(오심)

玉 0 ⑤	玉	구슬 옥 〈4급2〉 구슬. 아름다운 돌. 훌륭함.	玉稿(옥고) 玉帶(옥대) 玉篇(옥편) 玉香(옥향)
尸 6 ⑨	屋	집 옥 〈5급〉 집. 지붕. 지붕모양덮개.	屋上(옥상) 屋塔(옥탑) 家屋(가옥)
犭 10 ⑭	獄	옥 옥 〈3급2〉 옥. 감옥. 판결. 송사.	獄苦(옥고) 獄死(옥사) 監獄(감옥) 地獄(지옥)
水 10 ⑬	溫	따뜻할 온 〈6급〉 따뜻하다. 온화하다.	溫故知新(온고지신) 溫情(온정) 溫和(온화)
羽 4 ⑩	翁	늙은이 옹 〈3급〉 늙은이. 아버지. 창백하다.	翁姑(옹고) 翁壻(옹서) 翁主(옹주) 老翁(노옹)
手 13 ⑯	擁	안을 옹 〈3급〉 안다. 부축하다. 가리다.	擁立(옹립) 擁衛(옹위) 擁護(옹호) 抱擁(포옹)
瓦 0 ⑤	瓦	기와 와 〈3급2〉 기와. 질그릇. 방패. 실패.	瓦家(와가) 瓦當(와당) 瓦全(와전) 瓦解(와해)
臣 2 ⑧	臥	누울 와 〈3급〉 눕다. 잠. 휴식. 침실.	臥龍(와룡) 臥病(와병) 臥薪嘗膽(와신상담)

宀 4 ⑦	完	완전할 **완** 〈5급〉 완전하다. 완전하게 하다.	完決(완결) 完成(완성) 完全無缺(완전무결)
糸 9 ⑮	緩	느릴 **완** 〈3급2〉 느리다. 느슨하다.	緩急(완급) 緩慢(완만) 緩行(완행) 弛緩(이완)
曰 0 ④	曰	가로되 **왈** 〈3급〉 가로되. 이르다. ~라 하다.	曰可曰否(왈가왈부) 曰是曰非(왈시왈비)
玉 0 ④	王	임금·임금노릇할 **왕** 〈8급〉 임금. 우두머리. 임금노릇.	王冠(왕관) 王政(왕정) 王侯將相(왕후장상)
彳 5 ⑧	往	갈·향할 **왕** 〈4급2〉 가다. 향하다. 옛적. 보내다.	往年(왕년) 往來(왕래) 往生極樂(왕생극락)
夕 2 ⑤	外	바깥·외국 **외** 〈8급〉 바깥. 겉. 타향. 처가. 앞.	外家(외가) 外交(외교) 外柔內剛(외유내강)
田 4 ⑨	畏	두려워할 **외** 〈3급〉 두려워하다. 으르다. 죽다.	畏敬(외경) 畏懼(외구) 畏惡(외오) 敬畏(경외)
襾 3 ⑨	要	종요로울 **요** 〈5급〉 종요롭다. 중요하다.	要求(요구) 要領(요령) 要因(요인) 重要(중요)

手 10 ⑬	搖	흔들릴 **요** 〈3급〉 흔들리다. 움직이다.	搖動(요동) 搖落(요락) 搖籃(요람) 動搖(동요)
肉 9 ⑬	腰	허리 **요** 〈3급〉 허리. 밑동. 허리에 매다.	腰痛(요통) 折腰(절요) 腰折腹痛(요절복통)
辵 10 ⑭	遙	멀 **요** 〈3급〉 멀다. 아득함. 소요함.	遙遠(요원) 遙望(요망) 遙拜(요배) 逍遙(소요)
言 10 ⑰	謠	노래 **요** 〈4급2〉 노래. 노래하다. 소문.	謠言(요언) 歌謠(가요) 民謠(민요) 俗謠(속요)
日 14 ⑱	曜	빛날 **요** 〈5급〉 빛나다. 빛. 요일.	曜靈(요령) 曜魄(요백) 曜煜(요욱) 曜日(요일)
辰 3 ⑩	辱	욕될 **욕** 〈3급2〉 욕되다. 욕되게 하다. 욕보이다.	辱說(욕설) 辱在(욕재) 屈辱(굴욕) 恥辱(치욕)
水 7 ⑩	浴	목욕할 **욕** 〈5급〉 목욕하다. 멱 감다. 입다.	浴槽(욕조) 浴室(욕실) 沐浴齋戒(목욕재계)
欠 7 ⑪	欲	하고자할 **욕** 〈3급2〉 하고자하다. 바라다. 욕심.	欲求(욕구) 欲望(욕망) 欲心(욕심) 欲情(욕정)

水 11 ⑮	**慾**	욕심 **욕** 욕심. 욕정.	〈3급2〉	慾求(욕구) 慾望(욕망) 慾情(욕정) 過慾(과욕)
用 0 ⑤	**用**	쓸 **용** 쓰다. 작용. 용도. 방비.	〈6급〉	用件(용건) 用度(용도) 用例(용례) 作用(작용)
力 7 ⑨	**勇**	날랠 **용** 날래다. 용감하다. 과감하다.	〈6급〉	勇敢(용감) 勇氣(용기) 勇猛(용맹) 勇退(용퇴)
宀 7 ⑩	**容**	얼굴 **용** 얼굴. 꾸미다. 몸가짐.	〈4급2〉	容共(용공) 容納(용납) 容貌(용모) 容認(용인)
广 8 ⑪	**庸**	쓸 **용** 쓰다. 범상하다. 어리석다.	〈3급〉	庸劣(용렬) 庸才(용재) 庸拙(용졸) 中庸(중용)
又 0 ②	**又**	또 **우** 또. 거듭. 재차. 오른쪽.	〈3급〉	又驚又喜(우경우희) 又日新(우일신)
二 1 ③	**于**	어조사 · 탄식할 **우** 어조사. 가다. 탄식하다.	〈3급〉	于今(우금) 于歸(우귀) 于役(우역) 于嗟(우차)
又 2 ④	**友**	벗 **우** 벗. 동무. 벗하다. 우애.	〈5급〉	友邦(우방) 友愛(우애) 友情(우정) 友好(우호)

부수	한자	훈음	급수	용례
尤 1 ④	尤	더욱 **우** 더욱. 뛰어남. 탓. 재앙.	〈3급〉	尤極(우극) 尤妙(우묘) 尤物(우물) 尤甚(우심)
牛 0 ④	牛	소 **우** 소. 무릅쓰다. 별이름.	〈5급〉	牛角(우각) 牛步(우보) 牛耳讀經(우이독경)
口 2 ⑤	右	오른쪽 **우** 오른쪽. 숭상하다. 편리함.	〈7급〉	右文(우문) 右側(우측) 右往左往(우왕좌왕)
宀 3 ⑥	宇	집 **우** 집. 지붕. 처마. 하늘.	〈3급2〉	宇內(우내) 宇宙(우주) 宇下(우하) 屋宇(옥우)
羽 0 ⑥	羽	깃 **우** 깃. 새. 느슨함.	〈3급2〉	羽鱗(우린) 羽毛(우모) 羽衣(우의) 羽翼(우익)
雨 0 ⑧	雨	비·비올 **우** 비. 비오다. 떨어진다.	〈5급〉	雨景(우경) 雨期(우기) 雨後竹筍(우후죽순)
人 9 ⑪	偶	짝 **우** 짝. 배필. 짝수. 무리. 인형.	〈3급2〉	偶發(우발) 偶像(우상) 偶然(우연) 配偶(배우)
阝 8 ⑪	郵	우편 **우** 우편. 역참. 지나다.	〈4급〉	郵送(우송) 郵政(우정) 郵便(우편) 郵票(우표)

부수/획	한자	훈음	급수	용례
辵 9 ⑬	遇	만날 **우** 만나다. 알현. 대우. 때.	〈4급〉	遇然(우연) 遇害(우해) 不遇(불우) 遭遇(조우)
心 9 ⑬	愚	어리석을 **우** 어리석다. 우직하다. 나.	〈3급2〉	愚弄(우롱) 愚劣(우열) 愚直(우직) 賢愚(현우)
心 11 ⑮	憂	근심 **우** 근심. 고통. 병. 앓다.	〈3급2〉	憂國(우국) 憂慮(우려) 憂愁(우수) 憂鬱(우울)
人 15 ⑰	優	넉넉할 **우** 넉넉하다. 뛰어나다.	〈4급〉	優待(우대) 優等(우등) 優良(우량) 優秀(우수)
二 2 ④	云	이를 **운** 이르다. 말하다. 가로되.	〈3급〉	云云(운운) 云爲(운위) 云爾(운이) 云何(운하)
雨 4 ⑫	雲	구름 **운** 구름. 습기. 높다. 많다.	〈5급〉	雲泥之差(운니지차) 雲雨(운우) 雲集(운집)
辵 9 ⑬	運	돌 **운** 돌다. 옮기다. 운반. 운수.	〈6급〉	運動(운동) 運轉(운전) 運營(운영) 運行(운행)
音 10 ⑲	韻	운·울림 **운** 운. 음운. 울림. 운치.	〈3급2〉	韻律(운율) 韻字(운자) 韻致(운치) 音韻(음운)

부수	한자	훈음	급수	예	
隹 4 ⑫	雄	수컷·웅장할 **웅** 수컷. 이기다. 웅장하다.	〈5급〉	雄大(웅대) 雄辯(웅변) 雄壯(웅장) 英雄(영웅)	
儿 2 ④	元	으뜸 **원** 으뜸. 근원. 머리. 성(姓).	〈5급〉	元氣(원기) 元旦(원단) 元素(원소) 元祖(원조)	
心 5 ⑨	怨	원망할·원수 **원** 원망하다. 힐책하다. 원수.	〈4급〉	怨望(원망) 怨讐(원수) 怨恨(원한) 宿怨(숙원)	
厂 8 ⑩	原	근원 **원** 근원. 언덕. 본디. 찾다.	〈5급〉	原料(원료) 原理(원리) 原因(원인) 原則(원칙)	
口 7 ⑩	員	인원 **원** 인원. 수효. 둘레.	〈4급2〉	員數(원수) 員外(원외) 要員(요원) 人員(인원)	
阝 7 ⑩	院	집 **원** 집. 담. 내전. 뜰. 관청.	〈5급〉	院內(원내) 院生(원생) 院長(원장) 病院(병원)	
手 9 ⑫	援	도울 **원** 돕다. 구원하다. 끌어당기다.	〈4급〉	援軍(원군) 援助(원조) 援護(원호) 救援(구원)	
口 10 ⑬	圓	둥글 **원** 둥글다. 동그라미. 둘레.	〈4급2〉	圓覺(원각) 圓滿(원만) 圓舞(원무) 圓熟(원숙)	

口 10 ⑬	園	동산 **원** 〈6급〉 동산. 별장. 정원. 밭.	園頭(원두) 園林(원림) 園藝(원예) 庭園(정원)
水 10 ⑬	源	근원 **원** 〈4급〉 근원. 샘. 물 흐르는 모양.	源流(원류) 源泉(원천) 根源(근원) 起源(기원)
辵 10 ⑭	遠	멀·멀리할 **원** 〈6급〉 멀다. 멀리하다. 선조.	遠境(원경) 遠近(원근) 遠視(원시) 遠征(원정)
頁 10 ⑲	願	원할 **원** 〈5급〉 원하다. 바라다. 원컨대.	願望(원망) 願書(원서) 宿願(숙원) 念願(염원)
月 0 ④	月	달·세월 **월** 〈8급〉 달. 달빛. 세월. 달마다.	月刊(월간) 月報(월보) 月桂冠(월계관)
走 5 ⑫	越	넘을 **월** 〈3급2〉 넘다. 멀다. 앞지르다.	越境(월경) 越權(월권) 越等(월등) 超越(초월)
卩 4 ⑥	危	위태할 **위** 〈4급〉 위태하다. 험하다. 바르다.	危急(위급) 危殆(위태) 危機一髮(위기일발)
人 5 ⑦	位	자리 **위** 〈5급〉 자리. 자릿수. 자리잡다.	位階(위계) 位置(위치) 位牌(위패) 地位(지위)

부수	한자	훈음	급수	용례
女 5 ⑧	委	맡길 **위** 맡기다. 버리다. 쌓이다.	〈4급〉	委員(위원) 委任(위임) 委囑(위촉) 委託(위탁)
肉 5 ⑨	胃	밥통 **위** 밥통. 위. 마음. 별이름.	〈3급2〉	胃壁(위벽) 胃酸(위산) 胃液(위액) 胃腸(위장)
女 6 ⑨	威	위엄 **위** 위엄. 세력. 두려움.	〈4급〉	威德(위덕) 威力(위력) 威嚴(위엄) 威脅(위협)
人 9 ⑪	偉	거룩할·뛰어날 **위** 거룩하다. 뛰어나다. 크다.	〈5급〉	偉大(위대) 偉力(위력) 偉業(위업) 偉容(위용)
爪 8 ⑫	爲	할·위할 **위** 하다. 만들다. 위하다.	〈4급2〉	爲國忠節(위국충절) 爲先(위선) 爲業(위업)
口 9 ⑫	圍	둘레 **위** 둘레. 에워싸다. 경계.	〈4급〉	圍籬安置(위리안치) 範圍(범위) 周圍(주위)
辵 9 ⑬	違	어길 **위** 어기다. 잘못. 과실.	〈3급〉	違反(위반) 違法(위법) 違約(위약) 違和(위화)
人 12 ⑭	僞	거짓 **위** 거짓. 허위. 속이다.	〈3급2〉	僞計(위계) 僞善(위선) 僞造(위조) 眞僞(진위)

心 11 ⑮	慰	위로할 **위** 〈4급〉 위로하다. 우울해지다.	慰勞(위로) 慰問(위문) 慰安(위안) 慰藉(위자)
糸 9 ⑮	緯	씨·묶을 **위** 〈3급〉 묶다. 씨실. 씨. 줄기.	緯度(위도) 經緯(경위) 天經地緯(천경지위)
言 9 ⑯	謂	이를 **위** 〈3급2〉 이르다. 까닭. 일컫다.	謂何(위하) 可謂(가위) 所謂(소위)
行 10 ⑯	衛	지킬 **위** 〈4급2〉 지키다. 호위. 막다.	衛兵(위병) 衛生(위생) 衛星(위성) 衛戍(위수)
田 0 ⑤	由	말미암을·까닭 **유** 〈6급〉 말미암다. 쓰다. 까닭.	由來(유래) 由緒(유서) 理由(이유) 自由(자유)
幺 2 ⑤	幼	어릴 **유** 〈3급2〉 어리다. 어린아이. 깊다.	幼年(유년) 幼弱(유약) 幼稚園(유치원)
月 2 ⑥	有	있을·또 **유** 〈7급〉 있다. 많다. 알다. 또.	有口無言(유구무언) 有能(유능) 保有(보유)
酉 0 ⑦	酉	닭 **유** 〈3급〉 닭. 열째 지지. 성숙함.	酉年(유년) 酉方(유방) 酉星(유성) 酉時(유시)

부수	한자	훈음	급수	단어
乙 7 ⑧	乳	젖 유 젖. 젖먹이다. 기르다.	〈4급〉	乳頭(유두) 乳母(유모) 乳兒(유아) 乳臭(유취)
水 5 ⑧	油	기름·윤기 유 기름. 내이름. 윤기. 광택.	〈6급〉	油然(유연) 油槽(유조) 油脂(유지) 石油(석유)
木 5 ⑨	柔	부드러울 유 부드럽다. 편안히 하다.	〈3급2〉	柔道(유도) 柔順(유순) 柔軟(유연) 柔弱(유약)
幺 6 ⑨	幽	그윽할 유 그윽하다. 숨다. 어둡다.	〈3급2〉	幽谷(유곡) 幽靈(유령) 幽明(유명) 幽閉(유폐)
心 7 ⑪	悠	멀·한가할 유 멀다. 한가하다. 근심하다.	〈3급2〉	悠久(유구) 悠長(유장) 悠悠自適(유유자적)
口 8 ⑪	唯	오직 유 오직. 이. 대답하다. 누구.	〈3급〉	唯我獨尊(유아독존) 唯物(유물) 唯一(유일)
心 8 ⑪	惟	오직 유 오직. 이유. 생각하다.	〈3급〉	惟獨(유독) 惟一(유일) 伏惟(복유) 思惟(사유)
犭 9 ⑫	猶	오히려·원숭이 유 오히려. 원숭이. 망설이다.	〈3급2〉	猶不足(유부족) 猶與(유여) 猶豫(유예)

衣 7 ⑫	裕	넉넉할 **유** 넉넉함. 너그럽다. 늘어짐.	〈3급2〉	裕福(유복) 裕足(유족) 餘裕(여유) 溫裕(온유)
辵 9 ⑬	遊	놀 **유** 놀다. 놀이. 헤엄치다.	〈4급〉	遊覽(유람) 遊說(유세) 遊學(유학) 遊戲(유희)
心 9 ⑬	愈	나을 **유** 낫다. 우수하다. 병 낫다.	〈3급〉	愈色(유색) 快愈(쾌유) 愈出愈怪(유출유괴)
糸 8 ⑭	維	밧줄·맬 **유** 밧줄. 매다. 지탱하다.	〈3급2〉	維新(유신) 維持(유지) 維歲次(유세차)
言 7 ⑭	誘	꾈 **유** 꾀다. 꾐. 달래다.	〈3급2〉	誘導(유도) 誘因(유인) 誘致(유치) 誘惑(유혹)
人 14 ⑯	儒	선비 **유** 선비. 유교. 대접하다.	〈4급〉	儒敎(유교) 儒生(유생) 儒佛仙(유불선)
辵 12 ⑯	遺	남길 **유** 남기다. 보내다.	〈4급〉	遺物(유물) 遺産(유산) 遺傳(유전) 遺志(유지)
肉 0 ⑥	肉	고기 **육** 고기. 살. 몸. 둘레.	〈4급2〉	肉類(육류) 肉食(육식) 肉眼(육안) 肉體(육체)

肉
4
⑧ 育 기를 **육** 〈7급〉 育成(육성) 育兒(육아)
기르다. 자라다. 맏아들. 育英(육영) 訓育(훈육)

門
4
⑫ 閏 윤달 **윤** 〈3급〉 閏年(윤년) 閏朔(윤삭)
윤달. 윤년. 閏日(윤일) 閏集(윤집)

水
12
⑮ 潤 젖을·윤택할 **윤** 〈3급2〉 潤氣(윤기) 潤文(윤문)
젖다. 윤택하다. 潤澤(윤택) 潤滑(윤활)

心
6
⑩ 恩 은혜 **은** 〈4급2〉 恩德(은덕) 恩師(은사)
은혜. 사랑. 인정. 동정심. 恩愛(은애) 恩惠(은혜)

金
6
⑭ 銀 은 **은** 〈6급〉 銀盤(은반) 銀髮(은발)
은. 은빛. 돈. 銀河(은하) 銀行(은행)

阝
14
⑰ 隱 숨을 **은** 〈4급〉 隱匿(은닉) 隱遁(은둔)
숨다. 숨기다. 희미하다. 隱密(은밀) 隱退(은퇴)

乙
0
① 乙 새 **을** 〈3급2〉 乙科(을과) 甲乙(갑을)
새. 둘째 천간. 둘째. 乙丑甲子(을축갑자)

口
4
⑦ 吟 읊을 **음** 〈3급〉 吟味(음미) 呻吟(신음)
읊다. 끙끙거리다. 말더듬. 吟風弄月(음풍농월)

音 0 ⑨	音	소리 **음** 　　　　〈6급〉 소리. 음조. 가락. 소식.	音曲(음곡)　音樂(음악) 音癡(음치)　音響(음향)
水 8 ⑪	淫	음란할 **음** 　　　〈3급2〉 음란하다. 담그다. 방탕함.	淫談悖說(음담패설) 淫亂(음란)　姦淫(간음)
阝 8 ⑪	陰	그늘·세월 **음** 　　〈4급2〉 그늘. 음지. 세월.	陰德(음덕)　陰謀(음모) 陰陽(음양)　陰害(음해)
食 4 ⑬	飮	마실 **음** 　　　　〈6급〉 마시다. 주연. 음료.	飮毒(음독)　飮料(음료) 飮食(음식)　飮酒(음주)
邑 0 ⑦	邑	고을 **읍** 　　　　〈7급〉 고을. 도읍. 흐느끼다.	邑內(읍내)　邑民(읍민) 邑豪(읍호)　都邑(도읍)
水 5 ⑧	泣	울 **읍** 　　　　　〈3급〉 울다. 울음. 눈물.	泣訴(읍소)　涕泣(체읍) 泣斬馬謖(읍참마속)
冫 14 ⑯	凝	엉길·모을 **응** 　　〈3급〉 엉기다. 모으다. 굳다.	凝結(응결)　凝固(응고) 凝視(응시)　凝集(응집)
心 13 ⑰	應	응할 **응** 　　　〈4급2〉 응하다. 승낙하다.	應急(응급)　應募(응모) 應用(응용)　應援(응원)

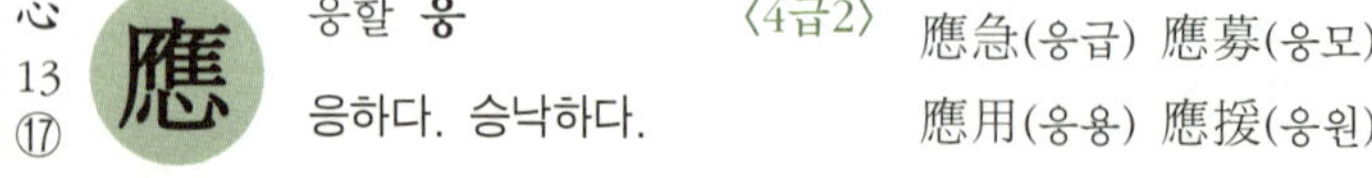

衣 0 ⑥	衣	옷 **의** 〈6급〉 옷. 입다. 싸는 것.	衣冠(의관) 衣裳(의상) 衣食住(의식주)
矢 2 ⑦	矣	어조사 **의** 〈3급〉 어조사(단정, 한정, 의문).	矣夫(의부) 矣哉(의재) 萬事休矣(만사휴의)
宀 5 ⑧	宜	마땅할 · 옳을 **의** 〈3급〉 마땅하다. 옳다. 형편이 좋다.	宜可(의가) 宜當(의당) 宜乎(의호) 便宜(편의)
人 6 ⑧	依	의지할 **의** 〈4급〉 의지하다. 의탁함. 다르다.	依舊(의구) 依賴(의뢰) 依支(의지) 依託(의탁)
心 9 ⑬	意	뜻 **의** 〈6급〉 뜻. 생각. 의심. 도리어.	意見(의견) 意味(의미) 意識(의식)
羊 7 ⑬	義	옳을 **의** 〈4급2〉 옳다. 바르다. 정의.	義理(의리) 義務(의무) 義勇(의용) 正義(정의)
疋 9 ⑭	疑	의심할 **의** 〈4급〉 의심하다. 두려워하다.	疑問(의문) 疑惑(의혹) 半信半疑(반신반의)
人 13 ⑮	儀	거동 **의** 〈4급〉 거동. 법도. 예식.	儀式(의식) 儀仗(의장) 儀容(의용) 儀表(의표)

		훈음	급수	용례
酉 11 ⑱	醫	의원 **의** 의원. 고치다. 의술.	〈6급〉	醫療(의료) 醫師(의사) 醫術(의술) 醫藥(의약)
言 13 ⑳	議	의논할 **의** 의논하다. 논쟁하다.	〈4급2〉	議決(의결) 議論(의논) 議事(의사) 議會(의회)
二 0 ②	二	두·거듭 **이** 둘. 둘째. 거듭. 둘로 나누다.	〈8급〉	二律背反(이율배반) 二八靑春(이팔청춘)
己 0 ③	已	이미·그칠 **이** 이미. 그치다. 버리다.	〈3급2〉	已成(이성) 已往(이왕) 不得已(부득이)
人 3 ⑤	以	써 **이** 써. 이(是). 하나. 까닭.	〈5급〉	以南(이남) 以前(이전) 以實直告(이실직고)
而 0 ⑥	而	말이을 **이** 말 잇다(그러나, 그리고). 뿐.	〈3급〉	而今(이금) 而立(이립) 而已(이이) 而後(이후)
耳 0 ⑥	耳	귀 **이** 귀. 귀에 익다. 뿐. 따름.	〈5급〉	耳目口鼻(이목구비) 耳順(이순) 耳環(이환)
大 3 ⑥	夷	오랑캐 **이** 오랑캐. 평평하다. 온화함.	〈3급〉	以夷制夷(이이제이) 夷延(이연) 東夷(동이)

田 6 ⑪	異	다를 **이** 〈4급〉 다르다. 달리하다.	異口同聲(이구동성) 異常(이상) 異彩(이채)
禾 6 ⑪	移	옮길 **이** 〈4급2〉 옮기다. 보내다. 전하다.	移動(이동) 移民(이민) 移徙(이사) 移送(이송)
皿 5 ⑩	益	더할 **익** 〈4급2〉 더하다. 보람. 아득.	益甚(익심) 益友(익우) 益者三友(익자삼우)
羽 11 ⑰	翼	날개 **익** 〈3급2〉 날개. 지느러미. 처마.	翼輔(익보) 翼善(익선) 右翼(우익) 羽翼(우익)
人 0 ②	人	사람 **인** 〈8급〉 사람. 백성. 남. 인품.	人格(인격) 人權(인권) 人之常情(인지상정)
人 2 ④	仁	어질 **인** 〈4급〉 어질다. 어진 이. 사람.	仁德(인덕) 仁勇(인용) 仁者無敵(인자무적)
弓 1 ④	引	끌 **인** 〈4급2〉 끌다. 당기다. 물러나다.	引見(인견) 引導(인도) 引力(인력) 引受(인수)
口 3 ⑥	因	인할 **인** 〈5급〉 인하다. 말미암다. 의지함.	因果(인과) 因習(인습) 因緣(인연) 起因(기인)

부수	한자	훈음	급수	한자어
卩 4 ⑥	印	도장 **인**	〈4급2〉	印刻(인각) 印象(인상) 印刷(인쇄) 印章(인장)
		도장. 찍다.		
心 3 ⑦	忍	참을 **인**	〈3급2〉	忍苦(인고) 忍耐(인내) 忍辱(인욕) 忍從(인종)
		참다. 참음. 잔인하다.		
女 6 ⑨	姻	혼인·시집갈 **인**	〈3급〉	姻家(인가) 姻故(인고) 姻戚(인척) 婚姻(혼인)
		혼인. 인척. 인연. 시집가다.		
宀 8 ⑪	寅	셋째지지 **인**	〈3급〉	寅供(인공) 寅方(인방) 寅時(인시) 寅畏(인외)
		셋째 지지. 공경하다. 범.		
言 7 ⑭	認	알 **인**	〈4급2〉	認可(인가) 認識(인식) 認定(인정) 認證(인증)
		알다. 인식하다. 인정하다.		
一 0 ①	一	한·첫째 **일**	〈8급〉	一擧兩得(일거양득) 一片丹心(일편단심)
		하나. 첫째. 온통. 같다.		
日 0 ④	日	날 **일**	〈8급〉	日就月將(일취월장) 日益(일익) 今日(금일)
		날. 해. 때. 햇볕. 날수.		
辵 8 ⑫	逸	숨을 **일**	〈3급2〉	逸樂(일락) 逸民(일민) 逸脫(일탈) 逸品(일품)
		숨다. 달아나다.		

부수	한자	훈·음	급수	용례
士 1 ④	壬	천간·북방 **임** 아홉째 천간. 간사하다. 북방.	〈3급2〉	壬年(임년) 壬方(임방) 壬人(임인) 壬午(임오)
人 4 ⑥	任	맡길 **임** 맡기다. 주다. 일.	〈5급〉	任官(임관) 任期(임기) 任用(임용) 責任(책임)
貝 6 ⑬	賃	품삯·품팔이 **임** 품삯. 품팔이. 빌리다.	〈3급2〉	賃金(임금) 賃貸(임대) 賃作(임작) 賃借(임차)
入 0 ②	入	들 **입** 들다. 들이다. 빠지다.	〈7급〉	入閣(입각) 入庫(입고) 入場(입장) 入住(입주)
子 0 ③	子	아들 **자** 아들. 새끼. 남자. 당신.	〈7급〉	子女(자녀) 子孫(자손) 子弟(자제) 種子(종자)
子 3 ⑥	字	글자 **자** 글자. 아이 배다. 사랑하다.	〈7급〉	字源(자원) 字音(자음) 字典(자전) 字解(자해)
自 0 ⑥	自	스스로 **자** 스스로. 저절로. 시초.	〈7급〉	自給自足(자급자족) 自身(자신) 自然(자연)
刀 6 ⑧	刺	찌를 **자·척** 찌르다. 가시. 나무라다.	〈3급2〉	刺客(자객) 刺戟(자극) 刺傷(자상) 刺字(자자)

女 5 ⑧	姊	누이 **자** 〈4급〉 누이. 손위누이. 어머니.	姊妹(자매) 姊夫(자부) 姊弟(자제) 姊兄(자형)
女 6 ⑨	姿	맵시 **자** 〈4급〉 맵시. 모습. 소질. 모양냄.	姿勢(자세) 姿質(자질) 姿態(자태) 芳姿(방자)
耂 5 ⑨	者	놈 **자** 〈6급〉 놈. 사람. 것. 곳. 어조사.	近者(근자) 論者(논자) 前者(전자) 筆者(필자)
艸 6 ⑩	茲	이 **자** 〈3급〉 이. 이곳. 이때. 검다.	茲山魚譜(자산어보) 今茲(금자) 來茲(내자)
心 6 ⑩	恣	방자할 **자** 〈3급〉 방자하다. 제멋대로하다.	恣心(자심) 恣意(자의) 恣行(자행) 放恣(방자)
糸 5 ⑪	紫	자줏빛 **자** 〈3급2〉 자줏빛. 빛깔.	紫錦(자금) 紫桃(자도) 紫蝦(자하) 紅紫(홍자)
貝 6 ⑬	資	재물 **자** 〈4급〉 재물. 밑천. 자본. 바탕.	資格(자격) 資金(자금) 資料(자료) 資本(자본)
心 10 ⑭	慈	사랑할 **자** 〈3급2〉 사랑하다. 어머니. 인자하다.	慈堂(자당) 慈悲(자비) 慈善(자선) 仁慈(인자)

人 5 ⑦	作	지을 **작** 〈6급〉 짓다. 만들다. 일하다.	作家(작가) 作業(작업) 作用(작용) 作況(작황)
日 5 ⑨	昨	어제 **작** 〈6급〉 어제. 앞서. 옛날.	昨今(작금) 昨年(작년) 昨醉未醒(작취미성)
酉 3 ⑩	酌	따를 **작** 〈3급〉 술 따르다. 술. 짐작하다.	酌交(작교) 酌飮(작음) 酌定(작정) 參酌(참작)
爪 14 ⑱	爵	작위 **작** 〈3급〉 작위. 술잔. 벼슬. 참새.	爵祿(작록) 爵位(작위) 爵號(작호) 公爵(공작)
歹 8 ⑫	殘	남을·잔인할 **잔** 〈4급〉 남다. 잔인하다. 미워하다.	殘金(잔금) 殘留(잔류) 殘餘(잔여) 相殘(상잔)
水 12 ⑮	潛	잠길 **잠** 〈3급2〉 잠기다. 숨기다. 깊다.	潛伏(잠복) 潛跡(잠적) 潛行(잠행) 沈潛(침잠)
日 11 ⑮	暫	잠깐 **잠** 〈3급2〉 잠깐. 별안간. 갑자기.	暫不離側(잠불리측) 暫時(잠시) 暫定(잠정)
隹 10 ⑱	雜	섞일 **잡** 〈4급〉 섞이다. 섞다. 어수선함.	雜念(잡념) 雜談(잡담) 雜音(잡음) 雜誌(잡지)

부수	한자	훈음	급수	용례
一 2 ③	丈	어른 **장** 어른. 장(길이). 지팡이.	〈3급2〉	丈家(장가) 丈母(장모) 丈夫(장부) 丈尺(장척)
士 4 ⑦	壯	씩씩할 · 장할 **장** 씩씩하다. 젊다. 장하다.	〈4급〉	壯觀(장관) 壯談(장담) 壯夫(장부) 壯士(장사)
長 0 ⑧	長	길 · 어른 **장** 길다. 오래다. 어른.	〈8급〉	長官(장관) 長久(장구) 長幼有序(장유유서)
寸 8 ⑪	將	장수 · 장차 **장** 장수. 장차. 거느리다.	〈4급2〉	將計就計(장계취계) 將帥(장수) 將來(장래)
巾 8 ⑪	帳	휘장 **장** 휘장. 공책. 장부.	〈4급〉	帳幕(장막) 帳簿(장부) 帳下(장하) 記帳(기장)
弓 8 ⑪	張	베풀 · 뽐낼 **장** 베풀다. 당기다. 뽐내다.	〈4급〉	張力(장력) 張皇(장황) 張三李四(장삼이사)
艸 7 ⑪	莊	장중할 · 엄숙할 **장** 장중하다. 엄숙하다.	〈3급2〉	莊嚴(장엄) 別莊(별장) 莊周之夢(장주지몽)
立 6 ⑩	章	글 · 문체 **장** 글. 문체. 문장. 규정.	〈6급〉	章句(장구) 章里(장리) 章程(장정) 文章(문장)

부수	한자	훈음	급수	용례
土 9 ⑫	場	마당 **장**, 곳 **량** 마당. 곳. 제터. 때. 장터.	〈7급〉	場內(장내) 場面(장면) 場所(장소) 現場(현장)
手 8 ⑫	掌	손바닥 **장** 손바닥. 맡다. 받들다.	〈3급2〉	掌握(장악) 合掌(합장) 掌中寶玉(장중보옥)
米 6 ⑫	粧	단장할 **장** 단장하다. 꾸미다.	〈3급2〉	粧飾(장식) 丹粧(단장) 美粧(미장) 化粧(화장)
肉 9 ⑬	腸	창자 **장** 창자. 마음. 기질.	〈4급〉	腸腎(장신) 腸胃(장위) 斷腸(단장) 大腸(대장)
艸 9 ⑬	葬	장사지낼 **장** 장사지내다. 장사.	〈3급2〉	葬禮(장례) 葬事(장사) 葬地(장지) 埋葬(매장)
衣 7 ⑬	裝	꾸밀 · 행장 **장** 꾸미다. 차리다. 행장.	〈4급〉	裝備(장비) 裝飾(장식) 裝幀(장정) 裝置(장치)
大 11 ⑭	獎	권면할 **장** 권면하다. 돕다. 칭찬하다.	〈4급〉	獎導(장도) 獎勵(장려) 恩獎(은장) 推獎(추장)
阝 11 ⑭	障	막힐 **장** 막히다. 막다. 거리끼다.	〈4급2〉	障据(장거) 障壁(장벽) 障碍(장애) 故障(고장)

부수	한자	훈음	급수	용례
爿 13 ⑰	牆	담 **장** 담. 경계. 관. 덮보.	〈3급〉	牆角(장각) 牆壁(장벽) 牆屋(장옥) 短牆(단장)
艸 14 ⑱	藏	감출·곳집 **장** 감추다. 저장하다. 곳집.	〈3급2〉	藏匿(장닉) 藏書(장서) 貯藏(저장) 包藏(포장)
肉 18 ㉒	臟	오장 **장** 오장(五臟). 내장.	〈3급2〉	臟器(장기) 內臟(내장) 五臟六腑(오장육부)
手 0 ③	才	재주 **재** 재주. 재능. 기본. 결단.	〈6급〉	才能(재능) 才士(재사) 才質(재질) 秀才(수재)
冂 4 ⑥	再	두 **재** 두. 두 번. 거듭. 반복.	〈5급〉	再建(재건) 再修(재수) 再三再四(재삼재사)
土 3 ⑥	在	있을 **재** 있다. 살다. 살피다. 찾다.	〈6급〉	在京(재경) 在庫(재고) 在野(재야) 在中(재중)
木 3 ⑦	材	재목 **재** 재목. 원료. 자질. 재능.	〈5급〉	材幹(재간) 材料(재료) 材木(재목) 資材(자재)
火 3 ⑦	災	재앙 **재** 재앙. 천재. 응징하다.	〈5급〉	災難(재난) 災殃(재앙) 災厄(재액) 天災(천재)

口 6 ⑨	哉	어조사 **재** 〈3급〉 어조사. 비롯하다. 시작.	哉生明(재생명) 嗚呼痛哉(오호통재)
宀 7 ⑩	宰	재상 **재** 〈3급〉 재상. 다스리다. 주관하다.	宰相(재상) 宰臣(재신) 宰人(재인) 主宰(주재)
木 6 ⑩	栽	심을 **재** 〈3급2〉 심다. 묘목. 어린 싹.	栽培(재배) 栽揷(재삽) 栽植(재식) 盆栽(분재)
貝 3 ⑩	財	재물 **재** 〈5급〉 재물. 재화. 녹(祿). 재능.	財物(재물) 財産(재산) 財貨(재화) 橫財(횡재)
衣 6 ⑫	裁	마를 **재** 〈3급2〉 마름질하다. 헤아리다.	裁可(재가) 裁斷(재단) 裁量(재량) 裁判(재판)
車 6 ⑬	載	실을 **재** 〈3급2〉 싣다. 타다. 탈 것.	載送(재송) 揭載(게재) 千載一遇(천재일우)
爪 4 ⑧	爭	다툴 **쟁** 〈5급〉 다투다. 간(諫)하다.	爭權(쟁권) 爭點(쟁점) 爭奪(쟁탈) 戰爭(전쟁)
人 5 ⑦	低	낮을 **저** 〈4급2〉 낮다. 숙이다. 구부리다.	低價(저가) 低廉(저렴) 低利(저리) 低邊(저변)

부수	한자	훈음	급수	용례
广 5 ⑧	底	밑 **저** 밑. 바닥. 이르다.	〈4급〉	底力(저력) 底流(저류) 底邊(저변) 底意(저의)
手 5 ⑧	抵	거스를 **저** 거스르다. 이르다. 막다.	〈3급2〉	抵當(저당) 抵排(저배) 抵觸(저촉) 抵抗(저항)
貝 5 ⑫	貯	쌓을 **저** 쌓다. 저축하다. 두다.	〈5급〉	貯金(저금) 貯水(저수) 貯藏(저장) 貯蓄(저축)
艸 9 ⑬	著	지을 **저** 짓다. 드러나다. 붙이다.	〈3급2〉	著名(저명) 著書(저서) 著述(저술) 著作(저작)
赤 0 ⑦	赤	붉을 **적** 붉다. 붉은 빛. 벌거숭이.	〈5급〉	赤裸裸(적나라) 赤誠(적성) 赤手(적수)
白 3 ⑧	的	과녁 · 적실할 **적** 과녁. 적실하다. 표준. 밝다.	〈5급〉	的當(적당) 的中(적중) 的確(적확) 目的(목적)
宀 8 ⑪	寂	고요할 **적** 고요하다. 편안하다.	〈3급2〉	寂寞(적막) 寂靜(적정) 寂天寞地(적천막지)
竹 5 ⑪	笛	피리 **적** 피리. 취악기.	〈3급2〉	笛聲(적성) 玉笛(옥적) 鼓笛隊(고적대)

部首	漢字	訓音	級數	用例
貝 6 ⑬	賊	도둑 **적** 〈4급〉 도둑. 해치다. 역적.		賊反荷杖(적반하장) 賊心(적심) 盜賊(도적)
足 6 ⑬	跡	발자취 **적** 〈3급2〉 발자취. 흔적. 뒤를 밟다.		跡捕(적포) 人跡(인적) 追跡(추적) 痕迹(흔적)
手 11 ⑭	摘	들추어낼 **적** 〈3급2〉 들추어내다. 가리키다.		摘發(적발) 摘要(적요) 摘出(적출) 指摘(지적)
水 11 ⑭	滴	물방울 **적** 〈3급〉 물방울. 방울져 떨어지다.		滴露(적로) 滴水(적수) 滴定(적정) 硯滴(연적)
攴 11 ⑮	敵	원수 **적** 〈4급2〉 원수. 적. 대적하다.		敵國(적국) 敵對(적대) 敵意(적의) 敵情(적정)
辵 11 ⑮	適	맞을 적 〈4급〉 맞다. 알맞다. 만나다.		適當(적당) 快適(쾌적) 適材適所(적재적소)
禾 11 ⑯	積	쌓을 **적** 〈4급〉 쌓다. 모으다. 저축하다.		積極(적극) 積立(적립) 積善(적선) 累積(누적)
糸 11 ⑰	績	길쌈·자을 **적** 〈4급〉 길쌈. 잣다. 실을 잣다. 잇다.		功績(공적) 紡績(방적) 成績(성적) 集績(집적)

足 11 ⑱	蹟	자취 **적** 〈3급2〉 자취. 자국. 쫓다.	古蹟(고적) 史蹟(사적) 遺蹟(유적) 行蹟(행적)
竹 14 ⑳	籍	문서 **적** 〈4급〉 문서. 서적. 호적.	籍記(적기) 籍物(적물) 國籍(국적) 戶籍(호적)
田 0 ⑤	田	밭 · 밭갈 **전** 〈4급2〉 밭. 밭 갈다. 생업. 사냥.	田畓(전답) 田園(전원) 田地(전지) 耕田(경전)
入 4 ⑥	全	온전할 · 모두 **전** 〈7급〉 온전하다. 모두. 일체.	全般(전반) 保全(보전) 全知全能(전지전능)
八 6 ⑧	典	법 **전** 〈5급〉 법. 책. 가르침. 바르다.	典據(전거) 典當(전당) 典範(전범) 典型(전형)
刀 7 ⑨	前	앞 **전** 〈7급〉 앞. 앞서다. 나아가다.	前代未聞(전대미문) 前線(전선) 前進(전진)
尸 7 ⑩	展	펼 **전** 〈5급〉 펴다. 열다. 늘어놓다.	展開(전개) 展覽(전람) 展望(전망) 展示(전시)
寸 8 ⑪	專	오로지 **전** 〈4급〉 오로지. 마음대로.	專攻(전공) 專念(전념) 專用(전용) 專橫(전횡)

부수	한자	훈음	급수	용례
人 11 ⑬	傳	전할·전기 **전** 전하다. 전하여지다. 전기.	〈5급〉	傳記(전기) 傳達(전달) 傳來(전래) 傳統(전통)
雨 5 ⑬	電	번개·전기 **전** 번개. 번쩍이다. 전기.	〈7급〉	電擊(전격) 電氣(전기) 電光石火(전광석화)
殳 9 ⑬	殿	대궐 **전** 대궐. 존칭. 후군.	〈3급2〉	殿閣(전각) 殿堂(전당) 殿下(전하) 宮殿(궁전)
金 8 ⑯	錢	돈 **전** 돈. 안주. 무게의 단위.	〈4급〉	錢穀(전곡) 錢主(전주) 錢布(전포) 金錢(금전)
戈 12 ⑯	戰	싸움 **전** 싸움. 전쟁. 두려워하다.	〈6급〉	戰勝(전승) 戰術(전술) 戰戰兢兢(전전긍긍)
車 11 ⑱	轉	구를·돌릴 **전** 구르다. 돌리다. 옮기다.	〈4급〉	轉嫁(전가) 轉落(전락) 轉禍爲福(전화위복)
刀 2 ④	切	끊을 **절**, 모두 **체** 끊다. 베다. 모두. 온통.	〈5급〉	切感(절감) 切開(절개) 切斷(절단) 一切(일체)
手 4 ⑦	折	꺾을 **절** 꺾다. 쪼개다. 결단하다.	〈4급〉	折半(절반) 折腰(절요) 折衷(절충) 屈折(굴절)

糸 6 ⑫	絶	끊을 **절** 〈4급2〉 끊다. 버리다. 지나가다.	絶對(절대) 絶望(절망) 絶緣(절연) 拒絶(거절)
竹 9 ⑮	節	마디 **절** 〈5급〉 마디. 절개. 규칙. 예절.	節氣(절기) 節約(절약) 節制(절제) 禮節(예절)
穴 17 ㉒	竊	훔칠·도둑 **절** 〈3급〉 훔치다. 도둑질. 몰래.	竊盜(절도) 竊位(절위) 竊取(절취) 剽竊(표절)
卜 3 ⑤	占	점칠 **점** 〈4급〉 점치다. 차지하다. 지키다.	占卦(점괘) 占卜(점복) 占星(점성) 先占(선점)
广 5 ⑧	店	가게 **점** 〈5급〉 가게. 상점. 주막.	店員(점원) 店鋪(점포) 露店(노점) 本店(본점)
水 11 ⑭	漸	점점 **점** 〈3급2〉 점점. 조짐. 험하다.	漸加(점가) 漸高(점고) 漸入佳境(점입가경)
黑 5 ⑰	點	점 **점** 〈4급〉 점. 지우다. 그리다.	點檢(점검) 點燈(점등) 點字(점자) 點火(점화)
手 8 ⑪	接	사귈 **접** 〈4급2〉 사귀다. 대접하다. 잇다.	接客(접객) 接待(접대) 接受(접수) 接觸(접촉)

虫 9 ⑮	**蝶**	나비 **접** 나비. 나방과의 곤충.	〈3급〉	蝴蝶夢(호접몽) 蝶翎(접령) 蝶舞(접무)
一 1 ②	**丁**	천간·장정·소리 **정** 천간. 장정. 소리. 일꾼.	〈4급〉	丁艱(정간) 丁年(정년) 丁時(정시) 壯丁(장정)
二 2 ④	**井**	우물 **정** 우물. 저자. 괘이름.	〈3급2〉	井水(정수) 市井(시정) 井底蛙(정저와)
止 1 ⑤	**正**	바를 **정** 바르다. 본보기. 정월.	〈7급〉	正常(정상) 正義(정의) 正直(정직) 正統(정통)
廴 4 ⑦	**廷**	조정 **정** 조정. 관아. 공정하다.	〈3급2〉	廷論(정론) 廷臣(정신) 朝廷(조정) 出廷(출정)
宀 5 ⑧	**定**	정할 **정** 정하다. 바로잡다.	〈6급〉	定價(정가) 定期(정기) 決定(결정) 規定(규정)
彳 5 ⑧	**征**	갈·칠 **정** 가다. 치다. 취하다. 세금.	〈3급2〉	征途(정도) 征伐(정벌) 征服(정복) 遠征(원정)
亠 7 ⑨	**亭**	정자 **정** 정자. 역말. 주막집.	〈3급2〉	亭然(정연) 亭子(정자) 山亭(산정) 驛亭(역정)

攵 5 ⑨	**政**	정사·구실 **정** 〈4급2〉 정사. 바르다. 법규. 구실.	政客(정객) 政府(정부) 政治(정치) 暴政(폭정)
言 2 ⑨	**訂**	바로잡을 **정** 〈3급〉 바로잡다. 고르게 하다.	訂交(정교) 訂正(정정) 訂定(정정) 校訂(교정)
貝 2 ⑨	**貞**	곧을 **정** 〈3급2〉 곧다. 정조. 당하다.	貞潔(정결) 貞烈(정렬) 貞淑(정숙) 貞操(정조)
广 7 ⑩	**庭**	뜰 **정** 〈6급〉 뜰. 집안. 조정. 관아.	庭園(정원) 庭戶(정호) 庭訓(정훈) 親庭(친정)
人 9 ⑪	**停**	머무를 **정** 〈5급〉 머무르다. 멈추다.	停車(정거) 停泊(정박) 停止(정지) 調停(조정)
心 8 ⑪	**情**	뜻 **정** 〈5급〉 뜻. 욕심. 심기. 본성.	情談(정담) 情緒(정서) 情表(정표) 人情(인정)
水 8 ⑪	**淨**	깨끗할 **정** 〈3급2〉 깨끗하다. 맑다.	淨潔(정결) 淨書(정서) 淨土(정토) 淨化(정화)
頁 2 ⑪	**頂**	정수리 **정** 〈3급2〉 정수리. 머리. 꼭대기.	頂門一鍼(정문일침) 頂上(정상) 絶頂(절정)

部首	漢字	訓音	級數	用例
禾 7 ⑫	程	법도 **정** 법도. 길이 단위. 한도.	〈4급2〉	程度(정도) 程式(정식) 程限(정한) 規程(규정)
米 8 ⑭	精	찧을 · 정미 **정** 정미하다. 찧다. 세밀하다.	〈4급2〉	精巧(정교) 精氣(정기) 精密(정밀) 精誠(정성)
攴 12 ⑯	整	가지런할 **정** 가지런하다. 금액의 마감.	〈4급〉	整頓(정돈) 整理(정리) 整備(정비) 端整(단정)
青 8 ⑯	靜	고요할 **정** 고요하다. 맑다. 바름.	〈4급〉	靜觀(정관) 靜物(정물) 靜淑(정숙) 動靜(동정)
弓 4 ⑦	弟	아우 **제** 아우. 제자. 공경함. 차례.	〈8급〉	弟妹(제매) 弟嫂(제수) 弟子(제자) 兄弟(형제)
刀 6 ⑧	制	마를 · 법도 **제** 마르다. 누르다. 법도.	〈4급2〉	制度(제도) 制約(제약) 制定(제정) 制限(제한)
巾 6 ⑨	帝	임금 **제** 임금. 천자. 하느님. 크다.	〈4급〉	帝國(제국) 帝業(제업) 帝王(제왕) 帝政(제정)
阝 7 ⑩	除	덜 · 갈 **제** 덜다. 섬돌. 뜰. 길.	〈4급2〉	除去(제거) 除隊(제대) 除法(제법) 免除(면제)

부수/획	한자	훈음	급수	예
示 6 ⑪	祭	제사 **제** 제사. 제사지내다. 나라.	〈4급2〉	祭官(제관) 祭壇(제단) 祭物(제물) 祭祀(제사)
竹 5 ⑪	第	차례 **제** 차례. 계급. 집. 과거.	〈6급〉	第一(제일) 及第(급제) 第三者(제삼자)
土 9 ⑫	堤	방죽 **제** 방죽. 둑. 제방.	〈3급〉	堤防(제방) 堤堰(제언) 防波堤(방파제)
手 9 ⑫	提	끌·들 **제** 끌다. 들다. 보리수.	〈4급2〉	提供(제공) 提起(제기) 提示(제시) 提案(제안)
衣 8 ⑭	製	지을 **제** 짓다. 만들다. 모양.	〈4급2〉	製鍊(제련) 製本(제본) 製藥(제약) 製作(제작)
阝 11 ⑭	際	사이 **제** 사이. 가. 만나다. 사귀다.	〈4급2〉	際限(제한) 際會(제회) 交際(교제) 實際(실제)
齊 0 ⑭	齊	가지런할 **제·재** 가지런하다. 바르다. 재계.	〈3급2〉	齊戒(재계) 齊唱(제창) 修身齊家(수신제가)
言 9 ⑯	諸	모든 **제** 모든. 여러. 어조사. 김치.	〈3급2〉	諸君(제군) 諸位(제위) 諸子百家(제자백가)

水 14 ⑰	濟	건널·구제할 **제** 〈4급2〉 건너다. 구제하다. 이루다.	濟度(제도) 濟民(제민) 濟世(제세) 救濟(구제)
頁 9 ⑱	題	제목·이마 **제** 〈6급〉 제목. 이마. 문제. 물음.	題目(제목) 題跋(제발) 題材(제재) 命題(명제)
弓 1 ④	弔	조상할 **조** 〈3급〉 조상하다. 위문하다.	弔旗(조기) 弔問(조문) 弔喪(조상) 弔慰(조위)
儿 4 ⑥	兆	조짐·조 **조** 〈3급2〉 조짐. 점. 조(수의 단위).	兆域(조역) 兆朕(조짐) 前兆(전조) 徵兆(징조)
日 2 ⑥	早	일찍 **조** 〈4급2〉 일찍. 미리. 급히. 새벽.	早期(조기) 早晚(조만) 早熟(조숙) 早朝(조조)
力 5 ⑦	助	도울 **조** 〈4급2〉 돕다. 도움. 이롭다.	助力(조력) 助言(조언) 助長(조장) 協助(협조)
示 5 ⑩	祖	할아버지·조상 **조** 〈7급〉 할아버지. 조상. 근본.	祖國(조국) 祖上(조상) 祖宗(조종) 元祖(원조)
禾 5 ⑩	租	구실 **조** 〈3급2〉 구실. 세금. 쌓다. 싸다.	租稅(조세) 租餞(조전) 租借(조차) 賭租(도조)

辵 7 ⑪	造	지을·이를 **조** 〈4급2〉 짓다. 세우다. 이르다.	造景(조경) 造成(조성) 造作(조작) 製造(제조)
鳥 0 ⑪	鳥	새 **조** 〈4급2〉 새. 별이름. 땅이름.	鳥瞰(조감) 鳥獸(조수) 鳥足之血(조족지혈)
木 7 ⑪	條	가지·조목 **조** 〈4급〉 가지. 길다. 조리. 조목.	條件(조건) 條例(조례) 條目(조목) 信條(신조)
糸 5 ⑪	組	짤 **조** 〈4급〉 짜다. 끈. 풀이름.	組閣(조각) 組成(조성) 組織(조직) 組合(조합)
月 8 ⑫	朝	아침 **조** 〈6급〉 아침. 조정. 왕조. 처음.	朝刊(조간) 朝夕(조석) 朝變夕改(조변석개)
火 9 ⑬	照	비출 **조** 〈3급2〉 비추다. 비치다. 볕.	照明(조명) 照査(조사) 照會(조회) 對照(대조)
水 12 ⑮	潮	조수 **조** 〈4급〉 조수. 시대의 흐름.	潮流(조류) 潮水(조수) 干潮(간조) 滿潮(만조)
言 8 ⑮	調	고를·뽑을 **조** 〈5급〉 고르다. 적합하다. 뽑다.	調達(조달) 調理(조리) 調査(조사) 調和(조화)

| 手
13
⑯ | 操 | 잡을·절개 **조** 〈5급〉
잡다. 부리다. 절개. 곡조. | 操心(조심) 操業(조업)
操縱(조종) 操舵(조타) |

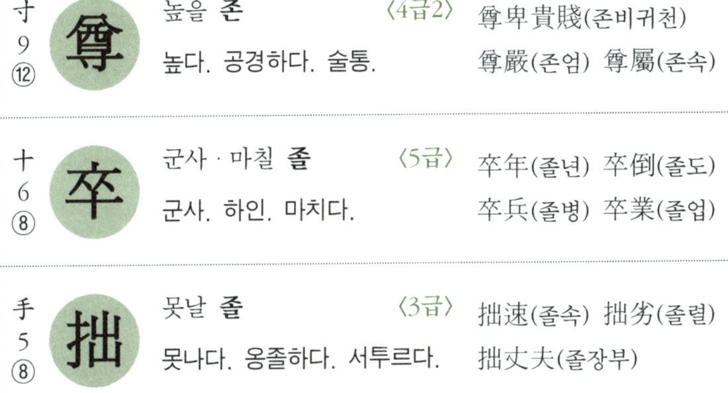

<table>
<tr><td>手
13
⑯</td><td>操</td><td>잡을·절개 조 〈5급〉
잡다. 부리다. 절개. 곡조.</td><td>操心(조심) 操業(조업)
操縱(조종) 操舵(조타)</td></tr>
<tr><td>火
13
⑰</td><td>燥</td><td>마를 조 〈3급〉
마르다. 말리다. 마른 것.</td><td>燥渴(조갈) 燥急(조급)
燥濕(조습) 乾燥(건조)</td></tr>
<tr><td>足
0
⑦</td><td>足</td><td>발 족 〈7급〉
발. 지나치다. 더하다.</td><td>足跡(족적) 手足(수족)
足脫不及(족탈불급)</td></tr>
<tr><td>方
7
⑪</td><td>族</td><td>겨레 족 〈6급〉
겨레. 가계. 무리. 음률.</td><td>族譜(족보) 族屬(족속)
族戚(족척) 民族(민족)</td></tr>
<tr><td>子
3
⑥</td><td>存</td><td>있을 존 〈4급〉
있다. 보존하다. 문안하다.</td><td>存立(존립) 存續(존속)
存在(존재) 存廢(존폐)</td></tr>
<tr><td>寸
9
⑫</td><td>尊</td><td>높을 존 〈4급2〉
높다. 공경하다. 술통.</td><td>尊卑貴賤(존비귀천)
尊嚴(존엄) 尊屬(존속)</td></tr>
<tr><td>十
6
⑧</td><td>卒</td><td>군사·마칠 졸 〈5급〉
군사. 하인. 마치다.</td><td>卒年(졸년) 卒倒(졸도)
卒兵(졸병) 卒業(졸업)</td></tr>
<tr><td>手
5
⑧</td><td>拙</td><td>못날 졸 〈3급〉
못나다. 옹졸하다. 서투르다.</td><td>拙速(졸속) 拙劣(졸렬)
拙丈夫(졸장부)</td></tr>
</table>

부수/획수	한자	훈음	급수	용례
宀 5 ⑧	宗	마루 **종** 마루. 근본. 우두머리.	〈4급2〉	宗家(종가) 宗派(종파) 宗廟社稷(종묘사직)
彳 8 ⑪	從	좇을·시중들 **종** 좇다. 시중들다.	〈4급〉	從來(종래) 從事(종사) 從屬(종속) 主從(주종)
糸 5 ⑪	終	마칠·끝날 **종** 마치다. 끝나다. 죽다.	〈5급〉	終講(종강) 終結(종결) 終末(종말) 最終(최종)
禾 9 ⑭	種	씨·심을 **종** 씨. 근본. 종류. 심다.	〈5급〉	種子(종자) 種族(종족) 種豆得豆(종두득두)
糸 11 ⑰	縱	늘어질·세로 **종** 늘어지다. 세로. 자유.	〈3급2〉	縱斷(종단) 縱隊(종대) 縱列(종렬) 放縱(방종)
金 12 ⑳	鐘	종 **종** 종. 쇠북. 악기. 시계.	〈4급〉	鐘閣(종각) 鐘鳴(종명) 鐘鼎(종정) 警鐘(경종)
工 2 ⑤	左	왼쪽·도울 **좌** 왼쪽. 증거. 돕다.	〈7급〉	左顧(좌고) 左翼(좌익) 左之右之(좌지우지)
土 4 ⑦	坐	앉을 **좌** 앉다. 무릎 꿇다. 자리.	〈3급2〉	坐不安席(좌불안석) 坐像(좌상) 連坐(연좌)

부수	한자	훈·음	급수	한자어
人 5 ⑦	佐	도울 **좌** 돕다. 도움. 권하다.	〈3급〉	佐理(좌리) 佐命(좌명) 佐酒(좌주) 補佐(보좌)
广 7 ⑩	座	자리 **좌** 자리. 깔개. 지위. 별자리.	〈4급〉	座談(좌담) 座標(좌표) 座右銘(좌우명)
网 8 ⑬	罪	허물 **죄** 허물. 죄. 과오. 재앙.	〈5급〉	罪過(죄과) 罪罰(죄벌) 罪悚(죄송) 罪人(죄인)
丶 4 ⑤	主	주인·임금 **주** 주인. 임금. 우두머리. 자기.	〈7급〉	主客(주객) 主觀(주관) 主義(주의) 主張(주장)
巛 3 ⑥	州	고을·섬 **주** 고을. 행정구역. 섬. 작은 섬.	〈5급〉	州境(주경) 州郡(주군) 州都(주도)
木 2 ⑥	朱	붉을 **주** 붉다. 적토. 나무이름.	〈4급〉	朱記(주기) 朱木(주목) 朱砂(주사) 朱紅(주홍)
舟 0 ⑥	舟	배 **주** 배. 잔받침. 얹다. 띠우다.	〈3급〉	舟橋(주교) 舟遊(주유) 舟艇(주정) 舟行(주행)
人 5 ⑦	住	살·머무를 **주** 살다. 머무르다. 그치다.	〈7급〉	住居(주거) 住民(주민) 住所(주소) 住宅(주택)

| | 走 | 달릴·달아날 **주** 〈4급2〉 | 走馬加鞭(주마가편) |
| 走 0 ⑦ | | 달리다. 가다. 뜨다. 도망. | 走馬看山(주마간산) |

| | 周 | 두루 **주** 〈4급〉 | 周忌(주기) 周到(주도) |
| 口 5 ⑧ | | 두루. 둘레. 돌다. 치밀함. | 周易(주역) 周知(주지) |

| | 宙 | 집 **주** 〈3급2〉 | 宙水(주수) 宙然(주연) |
| 宀 5 ⑧ | | 집. 하늘. 동량. 때. | 宙表(주표) 宇宙(우주) |

| | 注 | 물댈 **주** 〈6급〉 | 注目(주목) 注油(주유) |
| 水 5 ⑧ | | 물대다. 붓다. 풀이하다. | 注意(주의) 注入(주입) |

| | 奏 | 아뢸 **주** 〈3급2〉 | 奏樂(주악) 奏疏(주소) |
| 大 6 ⑨ | | 아뢰다. 연주하다. 행동. | 奏請(주청) 演奏(연주) |

| | 洲 | 섬·모래톱 **주** 〈3급2〉 | 洲島(주도) 洲嶼(주서) |
| 水 6 ⑨ | | 섬. 모래톱. 뭍(대륙). | 三角洲(삼각주) |

| | 柱 | 기둥 **주** 〈3급2〉 | 柱幹(주간) 柱梁(주량) |
| 木 5 ⑨ | | 기둥. 기러기발. 버티다. | 柱礎(주초) 電柱(전주) |

| | 株 | 그루 **주** 〈3급2〉 | 株價(주가) 株式(주식) |
| 木 6 ⑩ | | 그루. 그루터기. 뿌리. 주식. | 守株(수주) 株主(주주) |

玉 6 ⑩	珠	구슬 **주** 구슬. 진주. 붉다.	〈3급2〉	珠簾(주렴)　珠算(주산) 珠玉(주옥)　眞珠(진주)
酉 3 ⑩	酒	술 **주** 술. 물. 주연(酒宴).	〈4급〉	酒客(주객)　酒類(주류) 酒池肉林(주지육림)
日 7 ⑪	晝	낮 **주** 낮. 대낮. 한낮.	〈6급〉	晝間(주간)　白晝(백주) 晝耕夜讀(주경야독)
辵 8 ⑫	週	두를·주일 **주** 두르다. 둘레. 주일.	〈5급〉	週刊(주간)　週日(주일) 一週期(일주기)
金 14 ㉒	鑄	쇠부어만들 **주** 쇠부어 만들다. 주조.	〈3급2〉	鑄物(주물)　鑄字(주자) 鑄造(주조)　鑄型(주형)
竹 0 ⑥	竹	대 **죽** 대. 대나무. 피리. 죽간(竹簡).	〈4급2〉	竹刀(죽도)　竹林(죽림) 竹馬故友(죽마고우)
人 7 ⑨	俊	준걸 **준** 준걸. 준수하다. 크다.	〈3급〉	俊傑(준걸)　俊馬(준마) 俊秀(준수)　俊才(준재)
水 10 ⑬	準	법도 **준** 법도. 표준. 콧마루.	〈4급2〉	準據(준거)　準則(준칙) 準備(준비)　標準(표준)

辵 12 ⑯	遵	좇을 **준** 〈3급〉 좇다. 따라가다.	遵據(준거) 遵法(준법) 遵守(준수) 遵行(준행)
丨 3 ④	中	가운데·맞을 **중** 〈8급〉 가운데. 마음. 둘째. 맞다.	中堅(중견) 中央(중앙) 中庸(중용) 的中(적중)
人 4 ⑥	仲	버금 **중** 〈3급2〉 버금. 둘째. 가운데. 거간.	仲介(중개) 仲裁(중재) 伯仲之間(백중지간)
里 2 ⑨	重	무거울·거듭할 **중** 〈7급〉 무겁다. 중요하다. 거듭하다.	重大(중대) 重要(중요) 重鎭(중진) 重厚(중후)
血 6 ⑫	衆	무리 **중** 〈4급2〉 무리. 많다. 땅. 차조.	衆智(중지) 大衆(대중) 衆口難防(중구난방)
卩 7 ⑨	卽	곧 **즉** 〈3급2〉 곧. 즉시. 나아가다.	卽決(즉결) 卽席(즉석) 卽效(즉효) 卽興(즉흥)
疒 5 ⑩	症	병·증세 **증** 〈3급2〉 증세. 병의 증세.	症狀(증상) 症勢(증세) 痛症(통증)
曰 8 ⑫	曾	일찍 **증** 〈3급2〉 일찍. 이에. 거듭하다.	曾孫(증손) 曾往(증왕) 未曾有(미증유)

부수	한자	훈음	급수	용례
艸 10 ⑭	蒸	찔 **증**	〈3급2〉	蒸氣(증기) 蒸溜(증류) 蒸發(증발) 炎蒸(염증)
		찌다. 덥다. 많다. 티끌.		
土 12 ⑮	增	더할 **증**	〈4급2〉	增加(증가) 增減(증감) 增補(증보) 增殖(증식)
		더하다. 늘다. 불어난다.		
心 12 ⑮	憎	미워할 **증**	〈3급2〉	憎惡(증오) 憎怨(증원) 憎嫌(증혐) 愛憎(애증)
		미워하다. 미움 받다. 증오.		
言 12 ⑲	證	증거 **증**	〈4급〉	證據(증거) 證明(증명) 證憑(증빙) 證票(증표)
		증거. 증명하다. 법칙.		
貝 12 ⑲	贈	줄 **증**	〈3급〉	贈賜(증사) 贈與(증여) 贈呈(증정) 寄贈(기증)
		주다. 보내다. 선물.		
ノ 3 ④	之	갈 **지**	〈3급2〉	之東之西(지동지서) 之無(지무) 之子(지자)
		가다. 이르다. 이. 어조사.		
支 0 ④	支	가를 · 가지 **지**	〈4급2〉	支局(지국) 支給(지급) 支援(지원) 依支(의지)
		가르다. 가지. 버티다.		
止 0 ④	止	그칠 **지**	〈5급〉	止戈(지과) 止揚(지양) 止血(지혈) 禁止(금지)
		그치다. 머무르다. 금하다.		

부수	한자	훈음	급수	용례
口 2 ⑤	只	다만 **지**	〈3급〉	只管(지관) 只今(지금) 只尺(지척) 但只(단지)
		다만. 단지. ~뿐. 그것만.		
土 3 ⑥	地	땅 **지**	〈7급〉	地球(지구) 地理(지리) 地方(지방) 地位(지위)
		땅. 곳. 지위. 바탕. 국토.		
水 3 ⑥	池	못 **지**	〈3급2〉	池塘(지당) 池沼(지소) 池苑(지원) 天池(천지)
		못. 해자. 물길. 도랑.		
至 0 ⑥	至	이를 **지**	〈4급2〉	至極(지극) 至當(지당) 至誠感天(지성감천)
		이르다. 몹시. 지극하다.		
心 3 ⑦	志	뜻 **지**	〈4급2〉	志望(지망) 志士(지사) 志向(지향) 意志(의지)
		뜻. 의향. 기록. 기억하다.		
木 4 ⑧	枝	가지 **지**	〈3급2〉	枝幹(지간) 枝岐(지기) 枝葉(지엽) 折枝(절지)
		가지. 가지 치다. 육손이.		
矢 3 ⑧	知	알 **지**	〈5급〉	知覺(지각) 知能(지능) 知識(지식) 諒知(양지)
		알다. 깨닫다. 앎.		
手 6 ⑨	持	가질 **지**	〈4급〉	持久(지구) 持論(지론) 持續(지속) 維持(유지)
		가지다. 보전하다. 지키다.		

部首	漢字	訓·音	級數	用例
手 6 ⑨	指	손가락 **지** 손가락. 가리키다. 서다.	〈4급2〉	指導(지도) 指名(지명) 指定(지정) 指示(지시)
糸 4 ⑩	紙	종이 **지** 종이. 세는 단위(장).	〈7급〉	紙價(지가) 紙上(지상) 紙幣(지폐) 紙型(지형)
日 8 ⑫	智	슬기 **지** 슬기. 지혜. 슬기롭다. 꾀. 알다.	〈4급〉	智能(지능) 智略(지략) 智謀(지모) 智慧(지혜)
言 7 ⑭	誌	기록할 **지** 기록하다. 표. 기록.	〈4급〉	誌面(지면) 誌齡(지령) 誌上(지상) 日誌(일지)
辵 12 ⑯	遲	늦을·기다릴 **지** 늦다. 더디다. 기다리다.	〈3급〉	遲刻(지각) 遲速(지속) 遲延(지연) 遲滯(지체)
目 3 ⑧	直	곧을 **직**, 값 **치** 곧다. 값. 바르다. 맞다.	〈7급〉	直角(직각) 直感(직감) 直線(직선) 直接(직접)
糸 12 ⑱	織	짤 **직**, 기치 **치** 짜다. 기치. 베틀. 비단.	〈4급〉	織機(직기) 織女(직녀) 織造(직조) 紡織(방직)
耳 12 ⑱	職	벼슬·구실 **직** 벼슬. 구실. 직분. 일. 맡다.	〈4급2〉	職務(직무) 職分(직분) 職業(직업) 職場(직장)

| 辰
0
⑦ | 辰 | 별 **진**, 때 **신** 〈3급2〉
별. 다섯째 지지. 때. 시각. | 辰方(진방) 辰宿(진수)
辰時(진시) 生辰(생신) |

| 玉
5
⑨ | 珍 | 보배 **진** 〈4급〉
보배. 진귀하다. 맛있다. | 珍貴(진귀) 珍味(진미)
珍羞盛饌(진수성찬) |

| 手
7
⑩ | 振 | 떨칠 **진** 〈3급2〉
떨치다. 떨다. 거두다. | 振起(진기) 振動(진동)
振撫(진무) 振作(진작) |

| 阝
7
⑩ | 陣 | 진칠 **진** 〈4급〉
진치다. 방비. 진영. | 陣勢(진세) 陣營(진영)
陣容(진용) 陣痛(진통) |

| 目
5
⑩ | 眞 | 참 **진** 〈4급2〉
참. 변함없다. 도. 본질. | 眞談(진담) 眞理(진리)
眞實(진실) 眞僞(진위) |

| 阝
8
⑪ | 陳 | 늘어놓을 **진** 〈3급2〉
늘어놓다. 베풀다. | 陳腐(진부) 陳述(진술)
陳列(진열) 陳情(진정) |

| 辵
8
⑫ | 進 | 나아갈 **진** 〈4급2〉
나아가다. 오르다. | 進步(진보) 進取(진취)
進退兩難(진퇴양난) |

| 皿
9
⑭ | 盡 | 다할 · 진력할 **진** 〈4급〉
다하다. 진력하다. 정성. 진력. | 盡力(진력) 盡言(진언)
盡心竭力(진심갈력) |

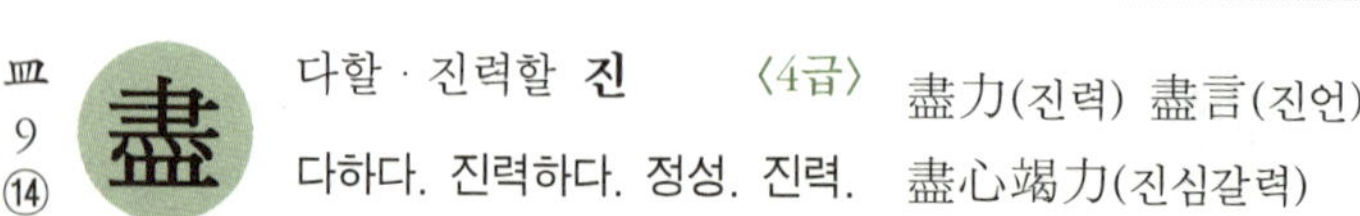

부수	한자	훈·음	급수	용례
雨 7 ⑮		벼락·진동 **진**	〈3급2〉	震怒(진노) 震動(진동)
		벼락. 진동. 천둥. 떨다. 지진.		震央(진앙) 地震(지진)
金 10 ⑱		진압할·지킬 **진**	〈3급2〉	鎭撫(진무) 鎭壓(진압)
		진압하다. 지키다. 진영.		鎭靜(진정) 鎭火(진화)
女 6 ⑨		조카 **질**	〈3급〉	姪女(질녀) 姪婦(질부)
		조카. 조카딸. 이질.		甥姪(생질) 從姪(종질)
疒 5 ⑩		병 **질**	〈3급2〉	疾苦(질고) 疾病(질병)
		병. 질병. 고통. 앓다. 빨리.		疾視(질시) 疾患(질환)
禾 5 ⑩	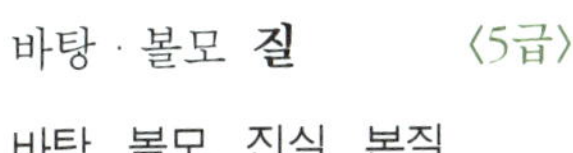	차례 **질**	〈3급2〉	秩高(질고) 秩米(질미)
		차례. 쌓다. 녹. 항상.		秩序(질서) 秩次(질차)
貝 8 ⑮		바탕·볼모 **질**	〈5급〉	質問(질문) 質量(질량)
		바탕. 볼모. 진실. 본질.		質責(질책) 氣質(기질)
土 8 ⑪		잡을 **집**	〈3급2〉	執權(집권) 執念(집념)
		잡다. 다스림. 벗.		執着(집착) 固執(고집)
隹 4 ⑫	集	모일 **집**	〈6급〉	集結(집결) 集散(집산)
		모이다. 이르다. 편안하다.		集中(집중) 雲集(운집)

| 彳
12
⑮ | 徵 | 부를 **징**　　　　　　〈3급2〉
부르다. 구하다. 징조. | 徵發(징발)　徵收(징수)
徵兆(징조)　徵候(징후) |

| 心
15
⑲ | 懲 | 혼날·징계 **징**　　　　〈3급〉
혼나다. 징계. 응징. | 懲戒(징계)　懲罰(징벌)
懲毖(징비)　懲役(징역) |

| 一
4
⑤ | 且 | 또 **차**　　　　　　　〈3급〉
또한. 우선. 머뭇거리다. | 且戰且走(차전차주)
且置(차치)　苟且(구차) |

| 欠
2
⑥ | 次 | 버금 **차**　　　　　　〈4급2〉
버금. 이어짐. 다음. 차례. | 次期(차기)　次例(차례)
次席(차석)　次善(차선) |

| 止
2
⑥ | 此 | 이 **차**　　　　　　　〈3급2〉
이. 이와 같은. 이곳. 이에. | 此日彼日(차일피일)
如此(여차)　彼此(피차) |

| 人
8
⑩ | 借 | 빌릴 **차**　　　　　　〈3급2〉
빌리다. 빌려주다. 가령. | 借款(차관)　借用(차용)
借入(차입)　貸借(대차) |

| 工
7
⑩ | 差 | 다를 **차**　　　　　　〈4급〉
다르다. 어긋나다. 가리다. | 差等(차등)　差別(차별)
差備(차비)　差異(차이) |

| 手
7
⑩ | 捉 | 잡을 **착**　　　　　　〈3급〉
잡다. 쥐다. 체포함. | 捉去(착거)　捉送(착송)
捉囚(착수)　捕捉(포착) |

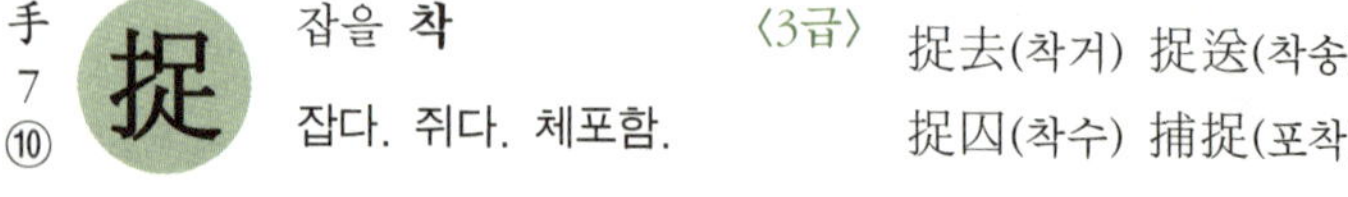

| 目
7
⑫ | 着 | 붙을 **착** 〈5급〉
붙다. 있다. 놓다. 옷. | 着眼(착안) 着陸(착륙)
着實(착실) 到着(도착) |

| 金
8
⑯ | 錯 | 섞일 **착** 〈3급2〉
섞이다. 어긋나다. | 錯覺(착각) 錯視(착시)
錯誤(착오) 錯雜(착잡) |

| 貝
12
⑲ | 贊 | 도울·찬성 **찬** 〈3급2〉
돕다. 기리다. 찬성하다. | 贊同(찬동) 贊反(찬반)
贊成(찬성) 贊助(찬조) |

| 言
9
㉖ | 讚 | 기릴 **찬** 〈4급〉
기리다. 칭찬함. 돕다. | 讚歌(찬가) 讚美(찬미)
讚頌(찬송) 讚揚(찬양) |

| 宀
11
⑭ | 察 | 살필 **찰** 〈4급2〉
살피다. 알다. 드러나다. | 察色(찰색) 察知(찰지)
觀察(관찰) 洞察(통찰) |

| 厶
9
⑪ | 參 | 참여할 **참**, 빽빽할 **삼** 〈5급〉
참여하다. 빽빽하다. 三의 갖은자. | 參考(참고) 參與(참여)
參參五五(삼삼오오) |

| 心
11
⑭ | 慘 | 참혹할 **참** 〈3급〉
참혹하다. 근심하다. | 慘狀(참상) 慘敗(참패)
慘酷(참혹) 悲慘(비참) |

| 心
11
⑮ | 慙 | 부끄러울 **참** 〈3급〉
부끄럽다. 수치. | 慙愧(참괴) 慙色(참색)
慙悔(참회) 無慙(무참) |

日 4 ⑧	**昌**	창성할 **창** 〈3급2〉 창성하다. 아름답다. 기쁨.	昌盛(창성) 昌言(창언) 昌平(창평) 繁昌(번창)
人 8 ⑩	**倉**	곳집·슬퍼할 **창** 〈3급2〉 곳집. 갑자기. 슬퍼하다.	倉庫(창고) 倉卒(창졸) 倉海(창해) 倉黃(창황)
口 8 ⑪	**唱**	노래·노래부를 **창** 〈5급〉 노래. 노래 부르다. 인도하다.	唱歌(창가) 唱劇(창극) 唱法(창법) 主唱(주창)
穴 6 ⑪	**窓**	창·굴뚝 **창** 〈6급〉 창. 창문. 굴뚝.	窓門(창문) 窓月(창월) 窓戶(창호) 同窓(동창)
刀 10 ⑫	**創**	비롯할 **창** 〈4급2〉 비롯하다. 시작. 상처.	創刊(창간) 創始(창시) 創業(창업) 創作(창작)
日 10 ⑭	**暢**	펼칠 **창** 〈3급〉 펴다. 통하다. 화락하다.	暢達(창달) 暢敍(창서) 暢懷(창회) 和暢(화창)
艸 10 ⑭	**蒼**	푸를 **창** 〈3급2〉 푸르다. 우거지다.	蒼空(창공) 蒼生(창생) 蒼然(창연) 鬱蒼(울창)
彡 8 ⑪	**彩**	채색 **채** 〈3급2〉 채색. 무늬. 빛. 노름.	彩料(채료) 彩紋(채문) 彩色(채색) 光彩(광채)

手 8 ⑪	探	캘 **채** 〈4급〉 캐다. 가리다. 나무꾼.	採掘(채굴) 採用(채용) 採集(채집) 採擇(채택)
艸 8 ⑫	菜	나물 **채** 〈3급2〉 나물. 채마전. 채취하다.	菜麻(채마) 菜蔬(채소) 菜食(채식) 野菜(야채)
人 11 ⑬	債	빚 **채** 〈3급2〉 빚. 빚지다. 빚돈.	債權(채권) 債務(채무) 債主(채주) 國債(국채)
冂 3 ⑤	冊	책 **책** 〈4급〉 책. 칙서. 권. 계책.	冊卷(책권) 冊封(책봉) 冊床(책상) 冊欌(책장)
貝 4 ⑪	責	꾸짖을 **책** 〈5급〉 꾸짖다. 바라다. 책임. 빚.	責望(책망) 責務(책무) 責罰(책벌) 責任(책임)
竹 6 ⑫	策	꾀 **책** 〈3급2〉 꾀. 채찍. 대쪽. 문서. 책.	策動(책동) 策略(책략) 策命(책명) 政策(정책)
女 5 ⑧	妻	아내 **처** 〈3급2〉 아내. 시집보내다.	妻家(처가) 妻男(처남) 妻德(처덕) 妻子(처자)
虍 5 ⑪	處	곳·머무를 **처** 〈4급2〉 곳. 머무르다. 살다. 처분	處理(처리) 處方(처방) 處世(처세) 處地(처지)

부수	한자	훈·음	급수	용례
尸 1 ④	尺	자 **척** 자. 근소. 법도. 편지.	〈3급2〉	尺度(척도) 尺量(척량) 尺數(척수) 咫尺(지척)
斤 1 ⑤	斥	물리칠 **척** 물리치다. 가리키다. 열다.	〈3급〉	衛正斥邪(위정척사) 斥和(척화) 排斥(배척)
手 5 ⑧	拓	넓힐 **척**, 박을 **탁** 넓히다. 박다. 개척하다. 밀다.	〈3급2〉	拓地(척지) 拓植(척식) 開拓(개척) 拓本(탁본)
戈 7 ⑪	戚	겨레 **척** 겨레. 친족. 슬퍼하다.	〈3급2〉	戚黨(척당) 戚臣(척신) 外戚(외척) 姻戚(인척)
十 1 ③	千	일천 **천** 일천. 많다. 꼭.	〈7급〉	千載一遇(천재일우) 千差萬別(천차만별)
巛 0 ③	川	내 **천** 내. 물귀신. 들판.	〈7급〉	川邊(천변) 川獵(천렵) 川澤(천택) 河川(하천)
大 1 ④	天	하늘 **천** 하늘. 하느님. 운명. 자연.	〈7급〉	天高馬肥(천고마비) 天地(천지) 天機(천기)
水 5 ⑨	泉	샘 **천** 샘. 근원. 돈. 저승.	〈4급〉	泉脈(천맥) 泉石(천석) 泉涯(천애) 源泉(원천)

水 8 ⑪	淺	얕을 **천** 〈3급2〉 얕다. 약하다. 성기다.	淺薄(천박) 鄙淺(비천) 天學菲才(천학비재)
貝 8 ⑮	賤	천할 **천** 〈3급2〉 천하다. 업신여기다.	賤格(천격) 賤待(천대) 賤視(천시) 貴賤(귀천)
足 8 ⑮	踐	밟을 **천** 〈3급2〉 밟다. 따르다. 차리다.	踐踏(천답) 踐歷(천력) 踐行(천행) 實踐(실천)
辶 12 ⑯	遷	옮길 **천** 〈3급2〉 옮기다. 바꾸다. 천도.	遷都(천도) 遷善(천선) 遷移(천이) 遷職(천직)
艸 13 ⑰	薦	천거할·올릴 **천** 〈3급〉 천거하다. 올리다. 추천하다.	薦擧(천거) 薦新(천신) 薦進(천진) 推薦(추천)
口 7 ⑩	哲	밝을 **철** 〈3급2〉 밝다. 슬기롭다. 도리어.	哲人(철인) 哲學(철학) 明哲(명철)
彳 12 ⑮	徹	통할 **철** 〈3급2〉 통하다. 밝다. 벗기다.	徹頭徹尾(철두철미) 徹夜(철야) 透徹(투철)
金 13 ㉑	鐵	쇠 **철** 〈5급〉 쇠. 검다. 단단하다.	鐵甲(철갑) 鐵道(철도) 鐵材(철재) 鐵則(철칙)

부수	한자	훈·음	급수	용례
小 3 ⑥	尖	뽀족할 **첨** 뽀족하다. 성격. 끝.	〈3급〉	尖端(첨단) 尖兵(첨병) 尖銳(첨예) 尖塔(첨탑)
水 8 ⑪	添	더할·맛더할 **첨** 더하다. 맛을 더하다. 안주.	〈3급〉	添加(첨가) 添記(첨기) 添附(첨부) 添削(첨삭)
女 5 ⑧	妾	첩 **첩** 첩. 몸종. 여자의 겸칭.	〈3급〉	妾子(첩자) 妾室(첩실) 妻妾(처첩) 蓄妾(축첩)
靑 0 ⑧	靑	푸를 **청** 푸르다. 동쪽. 봄. 젊다.	〈8급〉	靑藍(청람) 靑史(청사) 靑雲(청운) 靑天(청천)
水 8 ⑪	淸	맑을 **청** 맑다. 서늘하다. 온화하다.	〈6급〉	淸潔(청결) 淸廉(청렴) 淸白吏(청백리)
日 8 ⑫	晴	개일 **청** 개다. 맑다. 개운하다.	〈3급〉	晴天(청천) 快晴(쾌청) 晴雲秋月(청운추월)
言 8 ⑮	請	청할 **청** 청하다. 묻다. 부탁.	〈4급2〉	請求(청구) 請願(청원) 請託(청탁) 招請(초청)
耳 16 ㉒	聽	들을·허락할 **청** 듣다. 말을 따르다. 허락하다.	〈4급〉	聽覺(청각) 聽講(청강) 聽聞(청문) 聽衆(청중)

部首	漢字	訓音	級數	用例
广 22 ㉕	廳	관청·마루 **청** 관청. 관아. 마루. 대청. 집.	〈4급〉	廳規(청규) 廳舍(청사) 官廳(관청)
日 8 ⑫	替	바꿀 **체** 바꾸다. 번갈다. 쇠퇴하다.	〈3급〉	替番(체번) 替換(체환) 交替(교체) 代替(대체)
辵 8 ⑫	逮	쫓을 **체** 쫓다. 잡다. 미치다.	〈3급〉	逮繫(체계) 逮坐(체좌) 逮捕(체포) 被逮(피체)
水 11 ⑭	滯	막힐 **체** 막히다. 쌓이다. 머무르다.	〈3급2〉	滯念(체념) 滯留(체류) 滯拂(체불) 停滯(정체)
辵 10 ⑭	遞	갈마들 **체** 갈마들다. 전하다. 역말.	〈3급〉	遞減(체감) 遞送(체송) 遞信(체신) 郵遞(우체)
骨 13 ㉓	體	몸 **체** 몸. 수족. 모양. 근본.	〈6급〉	體格(체격) 體育(체육) 體操(체조) 形體(형체)
手 4 ⑦	抄	베낄 **초** 베끼다. 노략질하다.	〈3급〉	抄錄(초록) 抄本(초본) 抄譯(초역) 抄集(초집)
肉 3 ⑦	肖	닮을 **초** 닮다. 법. 작다. 꺼지다.	〈3급2〉	肖似(초사) 肖像(초상) 肖形(초형) 不肖(불초)

刀 5 ⑦	初	처음 **초** 〈5급〉 처음. 첫. 비로소. 이전.	初等(초등) 初面(초면) 初步(초보) 初行(초행)
手 5 ⑧	招	부를 **초** 〈4급〉 부르다. 구하다. 묶다.	招待(초대) 招來(초래) 招聘(초빙) 招請(초청)
禾 4 ⑨	秒	초 **초**, 까끄라기 **묘** 〈3급〉 초(시간 단위). 까끄라기.	初速(초속) 秒針(초침) 分秒(분초) 秒忽(묘홀)
艸 6 ⑩	草	풀 **초** 〈7급〉 풀. 풀숲. 잡초. 시작하다.	草家(초가) 草食(초식) 草原(초원) 雜草(잡초)
走 5 ⑫	超	넘을·달음질 **초** 〈3급2〉 넘다. 멀다. 높다. 빠르다.	超過(초과) 超然(초연) 超越(초월) 超人(초인)
石 13 ⑱	礎	주춧돌 **초** 〈3급2〉 주춧돌. 머릿돌.	礎石(초석) 礎業(초업) 礎材(초재) 基礎(기초)
人 7 ⑨	促	재촉할 **촉** 〈3급2〉 재촉하다. 절박함. 급함.	促求(촉구) 促迫(촉박) 促成(촉성) 促進(촉진)
火 13 ⑰	燭	촛불 **촉** 〈3급〉 촛불. 초. 비추다.	燭光(촉광) 燭膿(촉농) 燭察(촉찰) 華燭(화촉)

| 角
13
⑳ | 觸 | 닿을 **촉** 〈3급2〉
닿다. 부딪치다. 범하다. | 觸覺(촉각) 觸感(촉감)
一觸卽發(일촉즉발) |

| 寸
0
③ | 寸 | 마디 **촌** 〈8급〉
마디. 치. 조금. 촌수. | 寸劇(촌극) 寸數(촌수)
寸陰(촌음) 寸志(촌지) |

| 木
3
⑦ | 村 | 마을 **촌** 〈7급〉
마을. 시골. 촌스럽다. | 村家(촌가) 村落(촌락)
村老(촌로) 江村(강촌) |

| 金
6
⑭ | 銃 | 총 **총** 〈4급2〉
총. 도끼. 구멍. | 銃劍(총검) 銃殺(총살)
銃傷(총상) 拳銃(권총) |

| 耳
11
⑰ | 聰 | 귀밝을 **총** 〈3급〉
귀 밝다. 총명하다. | 聰氣(총기) 聰達(총달)
聰明(총명) 聰敏(총민) |

| 糸
11
⑰ | 總 | 거느릴·모을 **총** 〈4급2〉
거느리다. 모으다. 모두. 묶다. | 總括(총괄) 總計(총계)
總務(총무) 總和(총화) |

| 日
8
⑫ | 最 | 가장 **최** 〈5급〉
가장. 제일. 으뜸. | 最高(최고) 最近(최근)
最新(최신) 最後(최후) |

| 人
11
⑬ | 催 | 재촉할 **최** 〈3급2〉
재촉하다. 닥쳐오다. 열다. | 催告(최고) 催淚(최루)
催眠(최면) 催促(최촉) |

手 5 ⑧	**抽**	뽑을·뺄 **추** 〈3급〉 뽑다. 빼다. 당기다.	抽象(추상) 抽獎(추장) 抽籤(추첨) 抽出(추출)
禾 4 ⑨	**秋**	가을 **추** 〈7급〉 가을. 결실. 세월. 성숙함.	秋霜(추상) 秋收(추수) 秋風落葉(추풍낙엽)
辵 6 ⑩	**追**	쫓을 **추** 〈3급2〉 쫓다. 따르다. 내쫓다.	追加(추가) 追擊(추격) 追究(추구) 追慕(추모)
手 8 ⑪	**推**	옮을 **추**, 밀 **퇴** 〈4급〉 옮다. 받들다. 밀다.	推理(추리) 推仰(추앙) 推進(추진) 推敲(퇴고)
酉 10 ⑰	**醜**	더러울·추할 **추** 〈3급〉 더럽다. 추하다. 보기 흉하다.	醜聞(추문) 醜物(추물) 醜態(추태) 老醜(노추)
一 3 ④	**丑**	소 **축** 〈3급〉 소. 축시. 동북방.	丑年(축년) 丑末(축말) 丑日(축일) 丑時(축시)
田 5 ⑩	**畜**	가축·쌓을 **축** 〈3급2〉 가축. 쌓다. 기르다.	畜舍(축사) 畜産(축산) 畜生(축생) 家畜(가축)
示 5 ⑩	**祝**	빌 **축** 〈5급〉 기원하다. 축문. 축하하다.	祝文(축문) 祝福(축복) 祝儀(축의) 祝賀(축하)

辵 7 ⑪	逐	쫓을 **축** 〈3급〉 쫓다. 물리치다. 다투다.	逐鹿(축록) 逐臣(축신) 逐出(축출) 角逐(각축)
艸 10 ⑭	蓄	쌓을·모을 **축** 〈4급2〉 쌓다. 모으다. 저축하다.	蓄財(축재) 蓄積(축적) 蓄妾(축첩) 貯蓄(저축)
竹 10 ⑯	築	쌓을 **축** 〈4급2〉 쌓다. 집짓다. 다지다.	築臺(축대) 築城(축성) 築造(축조) 築土(축토)
糸 11 ⑰	縮	줄·오그라들 **축** 〈4급〉 줄다. 오그라들다.	縮小(축소) 縮刷(축쇄) 縮地(축지) 濃縮(농축)
日 5 ⑨	春	봄 **춘** 〈7급〉 봄. 청춘. 남녀의 정욕.	春秋(춘추) 靑春(청춘) 春風秋雨(춘풍추우)
凵 3 ⑤	出	날 **출** 〈7급〉 나다. 나가다. 내다. 지출.	出口(출구) 出勤(출근) 出入(출입) 脫出(탈출)
儿 4 ⑥	充	찰·가득찰 **충** 〈5급〉 차다. 가득하다. 채우다.	充分(충분) 充實(충실) 充足(충족) 補充(보충)
心 4 ⑧	忠	충성 **충** 〈4급2〉 충성. 정성.	忠告(충고) 忠誠(충성) 忠言(충언) 忠孝(충효)

行 9 ⑮	衝	부딪칠 **충** 〈3급2〉 부딪치다. 찌르다. 뒤얽힘.	衝擊(충격) 衝突(충돌) 衝動(충동) 折衝(절충)
虫 12 ⑱	蟲	벌레 **충** 〈4급2〉 벌레. 벌레의 피해. 좀.	蟲類(충류) 蟲齒(충치) 蟲害(충해)
口 4 ⑦	吹	불 **취** 〈3급2〉 불다. 부추기다. 숨쉬다.	吹管(취관) 吹奏(취주) 吹打(취타) 鼓吹(고취)
又 6 ⑧	取	취할 **취** 〈4급2〉 취하다. 장가들다.	取扱(취급) 取得(취득) 取捨(취사) 取消(취소)
自 4 ⑩	臭	냄새 **취** 〈3급〉 냄새. 냄새 맡다. 썩다.	臭氣(취기) 臭腐(취부) 惡臭(악취) 體臭(체취)
尢 9 ⑫	就	이룰 **취** 〈4급〉 이루다. 좇다. 나아가다.	就勞(취로) 就業(취업) 就任(취임) 就職(취직)
走 8 ⑮	趣	달릴 **취** 〈4급〉 달리다. 향하다. 뜻.	趣味(취미) 趣旨(취지) 趣向(취향) 風趣(풍취)
酉 8 ⑮	醉	취할 **취** 〈3급2〉 취하다. 정신을 빼앗기다.	醉客(취객) 醉中(취중) 醉生夢死(취생몽사)

人 9 ⑪	**側**	곁 **측**　　　〈3급2〉 곁. 옆. 기울다. 엎드림.	側近(측근)　側面(측면) 側目(측목)　側門(측문)
水 9 ⑫	**測**	잴·헤아릴 **측**　〈4급2〉 재다. 측량. 헤아리다.	測度(측도)　測量(측량) 測定(측정)　測地(측지)
尸 12 ⑮	**層**	층 **층**　　　〈4급〉 층. 계단. 계급. 수준.	層階(층계)　階層(계층) 層層侍下(층층시하)
水 5 ⑧	**治**	다스릴 **치**　〈4급2〉 다스리다. 병 고치다.	治國(치국)　治病(치병) 治山治水(치산치수)
人 8 ⑩	**值**	값 **치**　　　〈3급2〉 값. 가지다. 만나다.	值遇(치우)　價值(가치) 數值(수치)
心 6 ⑩	**恥**	부끄러울 **치**　〈3급2〉 부끄러움. 모욕. 치욕.	恥部(치부)　恥事(치사) 恥辱(치욕)　廉恥(염치)
至 4 ⑩	**致**	이룰 **치**　　　〈5급〉 이루다. 이르다. 다다르다.	致命(치명)　致誠(치성) 致至(치지)　致賀(치하)
禾 8 ⑬	**稚**	어릴 **치**　　　〈3급2〉 어리다. 어린이.	稚木(치목)　稚魚(치어) 稚拙(치졸)　幼稚(유치)

网
8
⑬

置 둘 **치**　　　〈4급2〉　　置重(치중)　配置(배치)
두다. 놓다. 베풀다.　　　置之度外(치지도외)

齒
0
⑮

齒 이 **치**　　　〈4급2〉　　齒科(치과)　齒序(치서)
이. 어금니. 주사위. 수.　　　齒牙(치아)　齒痛(치통)

刀
7
⑨

則 법 **칙**, 곧 **즉**　　　〈5급〉　　則效(칙효)　規則(규칙)
법. 규칙. 본받다. 곧.　　　法則(법칙)　然則(연즉)

見
9
⑯

親 친할 · 어버이 **친**　　　〈6급〉　　親舊(친구)　親睦(친목)
친하다. 어버이. 화목하다.　　　親善(친선)　親知(친지)

一
1
②

七 일곱 **칠**　　　〈8급〉　　七去之惡(칠거지악)
일곱. 일곱 번.　　　七顚八起(칠전팔기)

水
11
⑭

옻 **칠**　　　〈3급2〉　　漆器(칠기)　漆色(칠색)
옻. 옻칠하다. 검다.　　　漆板(칠판)　漆黑(칠흑)

水
4
⑦

잠길 **침**, 성 **심**　　　〈3급2〉　　沈溺(침닉)　沈沒(침몰)
잠기다. 가라앉다. 깊다.　　　沈黙(침묵)　擊沈(격침)

木
4
⑧

枕 베개 **침**　　　〈3급〉　　枕肱(침굉)　枕頭(침두)
베개. 다다르다. 침목.　　　枕床(침상)　枕席(침석)

부수	한자	훈음	급수	단어
人 7 ⑨	侵	침범할 **침** 침노하다. 침략. 범하다.	〈4급2〉	侵攻(침공) 侵掠(침략) 侵奪(침탈) 侵害(침해)
水 7 ⑩	浸	잠길 **침** 잠기다. 웅덩이. 빼어들다.	〈3급2〉	浸濕(침습) 浸水(침수) 浸蝕(침식) 浸透(침투)
金 2 ⑩	針	바늘 **침** 바늘. 침. 바느질하다.	〈4급〉	針孔(침공) 針灸(침구) 針小棒大(침소봉대)
宀 11 ⑭	寢	잠잘 **침** 잠자다. 눕다. 쉬다.	〈4급〉	寢具(침구) 寢食(침식) 寢室(침실) 就寢(취침)
禾 9 ⑭	稱	일컬을 **칭** 일컫다. 달다. 저울.	〈4급〉	稱量(칭량) 稱頌(칭송) 稱讚(칭찬) 呼稱(호칭)
心 4 ⑦	快	쾌할 **쾌** 쾌하다. 기뻐하다. 빠르다.	〈4급2〉	快感(쾌감) 快樂(쾌락) 快哉(쾌재) 快差(쾌차)
人 3 ⑤	他	다를·그 **타** 다르다. 그. 남. 딴.	〈5급〉	他山之石(타산지석) 他意(타의) 排他(배타)
手 2 ⑤	打	칠 **타** 치다. 두드리다. 공격하다.	〈5급〉	打開(타개) 打擊(타격) 打作(타작) 亂打(난타)

女 4 ⑦	妥	온당할 **타** 〈3급〉 온당하다. 마땅하다. 평온.	妥結(타결) 妥當(타당) 妥協(타협)
土 12 ⑮	墮	떨어질 **타** 〈3급〉 떨어지다. 앓다. 게으르다.	墮落(타락) 墮弱(타약) 墮獄(타옥) 怠墮(태타)
手 3 ⑥	托	맡길 **탁** 〈3급〉 맡기다. 받치다. 의지하다.	托鉢(탁발) 托生(탁생) 托子(탁자) 依托(의탁)
十 6 ⑧	卓	높을 **탁** 〈5급〉 높다. 뛰어나다. 훌륭하다.	卓見(탁견) 卓越(탁월) 卓上空論(탁상공론)
水 13 ⑯	濁	흐릴 **탁** 〈3급〉 흐리다. 어지럽다.	濁流(탁류) 濁世(탁세) 濁酒(탁주) 混濁(혼탁)
水 14 ⑰	濯	씻을 **탁** 〈3급〉 씻다. 빨래하다. 크다. 빛내다.	濯禊(탁계) 濯足(탁족) 洗濯所(세탁소)
火 5 ⑨	炭	숯 **탄** 〈5급〉 숯. 석탄. 목탄. 재.	炭坑(탄갱) 炭鑛(탄광) 炭素(탄소) 木炭(목탄)
言 7 ⑭	誕	태어날 **탄** 〈3급〉 태어나다. 속임. 넓다.	誕生(탄생) 誕辰(탄신) 誕言(탄언) 虛誕(허탄)

部首	漢字	訓音	級數	用例
弓 12 ⑮	彈	탄알·튕길 **탄** 탄알. 튕기다.	〈4급〉	彈力(탄력) 彈壓(탄압) 彈劾(탄핵) 彈丸(탄환)
欠 11 ⑮	歎	탄식할 **탄** 탄식하다. 감탄하다.	〈4급〉	歎服(탄복) 歎息(탄식) 歎願(탄원) 感歎(감탄)
肉 7 ⑪	脫	벗을 **탈**, 기뻐할 **태** 벗다. 벗기다. 기뻐하다.	〈4급〉	脫稿(탈고) 脫落(탈락) 脫線(탈선) 脫然(태연)
大 11 ⑭	奪	빼앗을 **탈** 빼앗다. 잃다. 떠나다.	〈3급2〉	奪胎(탈태) 奪取(탈취) 奪還(탈환) 强奪(강탈)
手 8 ⑪	探	찾을 **탐** 찾다. 잡다. 엿보다.	〈4급〉	探究(탐구) 探索(탐색) 探偵(탐정) 廉探(염탐)
貝 4 ⑪	貪	탐낼 **탐** 탐내다. 잡다. 욕심내다. 탐지.	〈3급〉	貪慾(탐욕) 食貪(식탐) 貪官汚吏(탐관오리)
土 10 ⑬	塔	탑 **탑** 탑. 절. 불당. 언덕.	〈3급2〉	塔碑(탑비) 塔影(탑영) 塔尖(탑첨) 佛塔(불탑)
水 9 ⑫	湯	끓일·데울 **탕** 끓이다. 목욕탕. 데우다.	〈3급2〉	湯罐(탕관) 湯沐(탕목) 湯井(탕정) 藥湯(약탕)

大 1 ④	**太**	클·콩 **태** 〈6급〉 크다. 심하다. 통하다. 콩.	太古(태고) 太極(태극) 太豆(태두) 太初(태초)
心 5 ⑨	**怠**	게으를 **태** 〈3급〉 게으르다. 업신여기다.	怠慢(태만) 怠業(태업) 怠惰(태타) 倦怠(권태)
歹 5 ⑨	**殆**	위태로울 **태** 〈3급2〉 위태하다. 의심하다. 거의.	殆無(태무) 殆半(태반) 勤怠(근태) 危殆(위태)
水 5 ⑩	**泰**	클 **태** 〈3급2〉 크다. 평안하다. 풍요롭다.	泰然(태연) 泰平(태평) 泰山北斗(태산북두)
心 10 ⑭	**態**	모양 **태** 〈4급2〉 모양. 용모. 꼴. 형상.	態度(태도) 世態(세태) 千態萬象(천태만상)
宀 3 ⑥	**宅**	집 **택**, 댁 **댁** 〈5급〉 집. 무덤. 구덩이. 살다.	宅配(택배) 宅地(택지) 家宅(가택) 宅內(댁내)
手 13 ⑯	**擇**	가릴 **택** 〈4급〉 가리다. 고르다. 뽑다.	擇良(택량) 擇日(택일) 擇一(택일) 採擇(채택)
水 13 ⑯	**澤**	못 **택** 〈3급2〉 못. 윤기 나다. 습기. 은혜.	澤畔(택반) 澤雨(택우) 潤澤(윤택) 惠澤(혜택)

土 0 ③	土	흙 **토** 〈8급〉 흙. 땅. 살다. 토지의 신.	土器(토기) 土臺(토대) 土山(토산) 土地(토지)	
口 3 ⑥	吐	토할 **토** 〈3급2〉 토하다. 뱉다. 드러나다.	吐露(토로) 吐說(토설) 嘔吐(구토) 實吐(실토)	
儿 6 ⑧	兔	토끼 **토** 〈3급2〉 토끼. 달(月)의 다른 이름.	兔死狗烹(토사구팽) 兔月(토월) 兔烹(토팽)	
言 3 ⑩	討	칠 **토** 〈4급〉 치다. 없애다. 다스리다.	討論(토론) 討伐(토벌) 討議(토의) 討賊(토적)	
辵 7 ⑪	通	통할 **통** 〈6급〉 통하다. 사귀다. 열다.	通達(통달) 通商(통상) 通信(통신) 通知(통지)	
疒 7 ⑫	痛	아플 **통** 〈4급〉 아프다. 슬픔. 상하다.	痛哭(통곡) 痛念(통념) 痛惜(통석) 痛歎(통탄)	
糸 6 ⑫	統	거느릴·이을 **통** 〈4급2〉 거느리다. 벼리. 혈통.	統計(통계) 統制(통제) 統治(통치) 系統(계통)	
辵 6 ⑩	退	물러날·바랠 **퇴** 〈4급2〉 물러나다. 바래다.	退去(퇴거) 退步(퇴보) 退潮(퇴조) 退化(퇴화)	

| 手
4
⑦ | 投 | 던질 **투**　　　　　〈4급〉
던지다. 보내다. 의탁하다. | 投稿(투고)　投手(투수)
投宿(투숙)　投資(투자) |

| 辵
7
⑪ | 透 | 통할 **투**　　　　　〈3급2〉
통하다. 꿰뚫다. 놀라다. | 透過(투과)　透明(투명)
透寫(투사)　透視(투시) |

| 鬥
10
⑳ | 鬪 | 싸움 **투**　　　　　〈4급〉
싸우다. 전쟁. 겨루다. | 鬪牛(투우)　鬪爭(투쟁)
鬪志(투지)　鬪魂(투혼) |

| 牛
6
⑩ | 特 | 유다를·특별할 **특**　〈6급〉
유다르다. 특별하다. 수컷. | 特權(특권)　特別(특별)
特性(특성)　特異(특이) |

| 手
4
⑦ | 把 | 잡을 **파**　　　　　〈3급〉
잡다. 자루. 쥐다. 묶음. | 把杯(파배)　把守(파수)
把握(파악)　把持(파지) |

| 水
5
⑧ | 波 | 물결 **파**　　　　　〈4급2〉
물결. 흐르다. 움직이다. | 波高(파고)　波濤(파도)
波動(파동)　波紋(파문) |

| 水
6
⑨ | 派 | 물갈래 **파**　　　　〈4급〉
물갈래. 갈라지다. 가르다. | 派遣(파견)　派閥(파벌)
派兵(파병)　派生(파생) |

| 石
5
⑩ | 破 | 깨뜨릴 **파**　　　　〈4급2〉
깨뜨리다. 깨지다. 쪼개다. | 破壞(파괴)　破鏡(파경)
破竹之勢(파죽지세) |

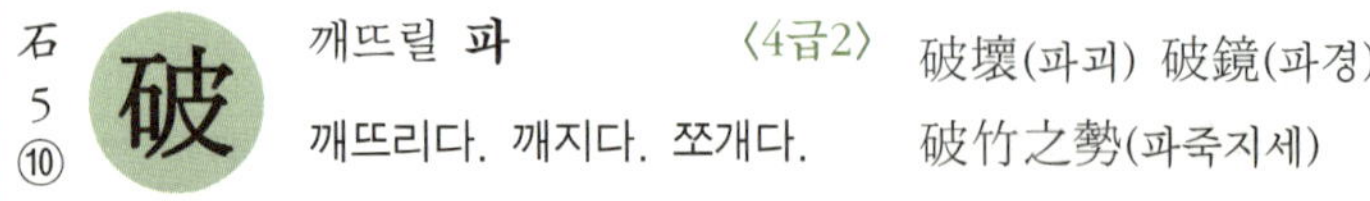

頁 5 ⑭	頗	자못·치우칠 **파** 〈3급〉 자못. 매우. 치우치다.	頗多(파다) 頗僻(파벽) 兩頗(양파) 偏頗(편파)
手 12 ⑮	播	씨뿌릴 **파** 〈3급〉 씨 뿌리다. 퍼뜨리다.	播植(파식) 播種(파종) 播遷(파천) 傳播(전파)
网 10 ⑮	罷	그만둘 **파** 〈3급〉 그만두다. 그치다.	罷免(파면) 罷業(파업) 罷場(파장) 罷職(파직)
刀 5 ⑦	判	판단할 **판** 〈4급〉 판단하다. 가르다. 구별.	判決(판결) 判斷(판단) 判別(판별) 判定(판정)
木 4 ⑧	板	널빤지 **판** 〈5급〉 널빤지. 널. 널조각. 판목.	板本(판본) 板書(판서) 板子(판자) 板紙(판지)
片 4 ⑧	版	판목·널 **판** 〈3급2〉 판목. 널. 책. 편지. 명부	版權(판권) 版圖(판도) 版畵(판화) 出版(출판)
貝 4 ⑪	販	팔 **판** 〈3급〉 팔다. 장사하다. 매매.	販禁(판금) 販路(판로) 販賣(판매) 販促(판촉)
八 0 ②	八	여덟 **팔** 〈8급〉 여덟. 여덟 번. 나누다.	八方美人(팔방미인) 八不出(팔불출)

貝 0 ⑦	**貝**	조개 **패** 〈3급〉 조개. 돈. 소라. 재물.	貝殼(패각) 貝物(패물) 貝塚(패총) 貝貨(패화)
攴 7 ⑪	**敗**	패할 **패** 〈5급〉 패하다. 실패. 무너지다.	敗家亡身(패가망신) 敗北(패배) 腐敗(부패)
片 0 ④	**片**	조각 **편** 〈3급2〉 조각. 쪼개다. 한쪽. 절반.	片道(편도) 片鱗(편린) 片肉(편육) 片紙(편지)
人 7 ⑨	**便**	편할 **편**, 똥·오줌 **변** 〈7급〉 편하다. 소식. 똥오줌.	便利(편리) 便安(편안) 便器(변기) 便所(변소)
人 9 ⑪	**偏**	치우칠 **편** 〈3급2〉 치우치다. 곁. 한쪽.	偏見(편견) 偏重(편중) 不偏不黨(불편부당)
辵 9 ⑬	**遍**	두루 **편** 〈3급〉 두루. 곡조 이름.	遍歷(편력) 遍散(편산) 遍在(편재) 普遍(보편)
竹 9 ⑮	**篇**	책 **편** 〈4급〉 책. 시문. 단위. 편액.	篇首(편수) 篇次(편차) 玉篇(옥편) 長篇(장편)
糸 9 ⑮	**編**	엮을 **편** 〈3급2〉 엮다. 짓다. 기록하다.	編成(편성) 編修(편수) 編輯(편집) 改編(개편)

干 2 ⑤	平	평평할 **평** 〈7급〉 평평하다. 바르게 하다.	平均(평균) 平凡(평범) 平野(평야) 平和(평화)
言 5 ⑫	評	품평할 **평** 〈4급〉 품평하다. 평정하다. 평론.	評價(평가) 評論(평론) 評說(평설) 評傳(평전)
肉 4 ⑧	肺	허파 · 성할 **폐** 〈3급2〉 허파. 마음. 붉다. 성하다.	肺肝(폐간) 肺炎(폐렴) 肺病(폐병) 肺腑(폐부)
門 3 ⑪	閉	닫을 **폐** 〈4급〉 닫다. 맺음. 끝. 단절.	閉幕(폐막) 閉門(폐문) 閉塞(폐색) 閉場(폐장)
广 12 ⑮	廢	폐할 **폐** 〈3급2〉 폐하다. 못쓰게 되다.	廢刊(폐간) 廢棄(폐기) 廢業(폐업) 廢品(폐품)
巾 12 ⑮	幣	비단 **폐** 〈3급〉 비단. 예물. 폐백. 돈.	幣物(폐물) 幣帛(폐백) 幣聘(폐빙) 貨幣(화폐)
廾 12 ⑮	弊	해질 **폐** 〈3급2〉 해지다. 낡다. 나쁘다.	弊家(폐가) 弊端(폐단) 弊習(폐습) 弊害(폐해)
艸 12 ⑯	蔽	가릴 **폐** 〈3급〉 가리다. 숨기다. 시들다.	蔽塞(폐색) 蔽膝(폐슬) 蔽護(폐호) 隱蔽(은폐)

勹 3 ⑤	包	쌀 포 싸다. 꾸러미. 아이배다.	〈4급2〉	包括(포괄) 包攝(포섭) 包圍(포위) 包裝(포장)
巾 2 ⑤	布	베·펼 포 베. 피륙. 베풀다. 펴다.	〈4급2〉	布告(포고) 布教(포교) 布袋(포대) 布陣(포진)
手 5 ⑧	抱	안을 포 안다. 껴안다. 던지다.	〈3급〉	抱腹絶倒(포복절도) 抱擁(포옹) 懷抱(회포)
肉 5 ⑨	胞	태보 포 태보. 친형제. 세포.	〈4급〉	胞宮(포궁) 胞子(포자) 胞胎(포태) 同胞(동포)
水 7 ⑩	浦	갯가 포 갯가. 물가.	〈3급2〉	浦口(포구) 浦灣(포만) 浦村(포촌) 曲浦(곡포)
手 7 ⑩	捕	잡을 포 잡다. 구하다. 찾음. 쥐.	〈3급2〉	捕鯨(포경) 捕虜(포로) 捕繩(포승) 生捕(생포)
石 5 ⑩	砲	대포 포 대포. 돌 쇠뇌.	〈4급2〉	砲擊(포격) 砲聲(포성) 砲手(포수) 砲彈(포탄)
食 5 ⑭	飽	배부를 포 배부르다. 만족. 가득함.	〈3급〉	飽德(포덕) 飽滿(포만) 飽食(포식) 飽和(포화)

부수	한자	훈음	급수	한자어
巾 9 ⑫	幅	폭 폭 폭. 너비. 족자.	〈3급〉	幅廣(폭광) 幅尺(폭척) 大幅(대폭) 增幅(증폭)
日 11 ⑮	暴	사나울 폭·포 사납다. 지나치다. 드러냄.	〈4급2〉	暴動(폭동) 暴力(폭력) 暴露(폭로) 暴惡(포악)
火 15 ⑲	爆	터질·폭발 폭 터지다. 폭발하다. 말리다.	〈4급〉	爆發(폭발) 爆笑(폭소) 爆彈(폭탄) 爆破(폭파)
衣 3 ⑧	表	겉 표 겉. 나타내다. 밝히다.	〈6급〉	表決(표결) 表記(표기) 表情(표정) 表出(표출)
示 6 ⑪	票	쪽지 표 쪽지. 표. 빠르다.	〈4급2〉	票決(표결) 票然(표연) 得票(득표) 投票(투표)
水 11 ⑭	漂	떠돌·뜰 표 떠돌다. 나부끼다. 뜨다.	〈3급〉	漂流(표류) 漂迫(표박) 漂白(표백) 浮漂(부표)
木 11 ⑮	標	표 표 표시. 표하다. 우듬지.	〈4급〉	標記(표기) 標示(표시) 標語(표어) 標準(표준)
口 6 ⑨	品	물건·품수 품 물건. 품수. 등급. 가지.	〈5급〉	品格(품격) 品貴(품귀) 品性(품성) 品行(품행)

風 0 ⑨	風	바람 **풍**　　　　〈6급〉 바람. 관습. 움직이다.	風景(풍경)　風流(풍류) 風貌(풍모)　風潮(풍조)
木 9 ⑬	楓	단풍나무 **풍**　　　〈3급2〉 단풍나무.	楓錦(풍금)　楓林(풍림) 楓嶽(풍악)　楓葉(풍엽)
豆 6 ⑬	豊	풍년 **풍**　　　　〈4급2〉 풍년. 넉넉하다. 많다.	豊年(풍년)　豊富(풍부) 豊盛(풍성)　豊足(풍족)
皮 0 ⑤	皮	가죽 **피**　　　　〈3급2〉 가죽. 거죽. 갖옷. 과녁.	皮骨相接(피골상접) 皮革(피혁)　脫皮(탈피)
彳 5 ⑧	彼	저 **피**　　　　　〈3급2〉 저. 저기. 아니다. 덮다.	彼我(피아)　彼岸(피안) 彼此(피차)　彼處(피처)
疒 5 ⑩	疲	피곤할 **피**　　　　〈4급〉 피곤하다. 고달프다. 앓다.	疲困(피곤)　疲勞(피로) 疲癃(피륭)　疲弊(피폐)
衣 5 ⑩	被	이불·입을 **피**　　〈3급2〉 이불. 입다. 덮다. 당하다.	被告(피고)　被動(피동) 被服(피복)　被疑(피의)
辵 13 ⑰	避	피할 **피**　　　　　〈4급〉 피하다. 떠나다. 숨다.	避難(피난)　避暑(피서) 避身(피신)　回避(회피)

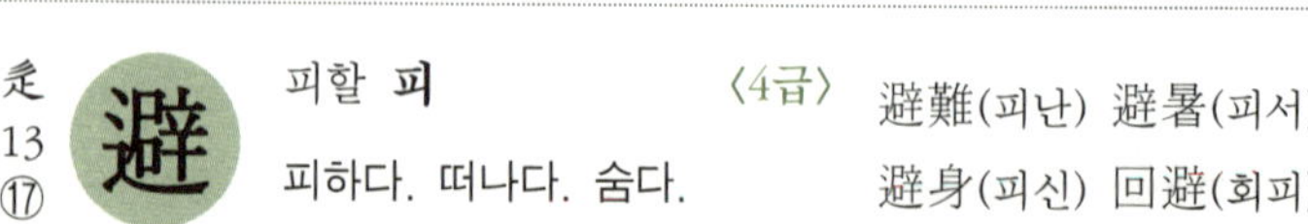

匸 2 ④	匹	짝 **필** 〈3급〉 짝. 필(옷감). 상대.	匹馬(필마) 匹敵(필적) 匹夫匹婦(필부필부)
心 1 ⑤	必	반드시 **필** 〈5급〉 반드시. 오로지. 꼭.	必讀(필독) 必死(필사) 必須(필수) 必要(필요)
田 6 ⑪	畢	마칠 **필** 〈3급2〉 마치다. 다하다. 모두.	畢竟(필경) 畢納(필납) 畢生(필생) 未畢(미필)
竹 6 ⑫	筆	붓 **필** 〈5급〉 붓. 쓰다. 필적. 글씨.	筆答(필답) 筆舌(필설) 筆跡(필적) 達筆(달필)
一 2 ③	下	아래·내릴 **하** 〈7급〉 아래. 손아래. 백성.	下降(하강) 下鄕(하향) 上天下地(상천하지)
人 5 ⑦	何	어찌·멜 **하** 〈3급2〉 어찌. 무엇. 어느. 메다.	何如間(하여간) 何時(하시) 誰何(수하)
水 5 ⑧	河	물 **하** 〈5급〉 물. 강물. 내. 강. 운하.	河口(하구) 河流(하류) 河川(하천) 河海(하해)
夂 7 ⑩	夏	여름·중국 **하** 〈7급〉 여름. 무늬. 크다. 중국.	夏穀(하곡) 夏期(하기) 夏服(하복) 夏楚(하초)

艸 7 ⑪	荷	멜 **하** 〈3급2〉 메다. 짐. 하물.	荷物(하물) 河船(하선) 荷役(하역) 負荷(부하)
貝 5 ⑫	賀	하례할 **하** 〈3급2〉 하례하다. 위로하다. 경축.	賀客(하객) 賀禮(하례) 賀宴(하연) 慶賀(경하)
子 13 ⑯	學	배울 · 학문 **학** 〈8급〉 배우다. 학문. 학생. 학교.	學歷(학력) 學閥(학벌) 學術(학술) 勉學(면학)
鳥 10 ㉑	鶴	두루미 **학** 〈3급2〉 학. 두루미. 희다.	鶴舞(학무) 鶴壽(학수) 鶴首苦待(학수고대)
水 3 ⑥	汗	땀 **한** 〈3급2〉 땀. 땀 흘리다. 윤택하다.	汗馬之勞(한마지로) 汗顔(한안) 冷汗(냉한)
日 3 ⑦	旱	가물 **한** 〈3급〉 가물다. 가뭄. 뭍. 육지.	旱熱(한열) 旱災(한재) 旱害(한해) 大旱(대한)
心 6 ⑨	恨	한할 **한** 〈4급〉 한하다. 원한. 뉘우치다.	恨入骨髓(한입골수) 恨歎(한탄) 悔恨(회한)
阝 6 ⑨	限	한정 **한** 〈4급2〉 한정. 한계. 정도. 심하다.	限界(한계) 限度(한도) 限量(한량) 限定(한정)

부수/획수	한자	훈음 / 급수	뜻풀이	용례
宀 9 ⑫	寒	찰·가난할 **한** 〈5급〉	차다. 오싹하다. 가난하다.	寒氣(한기) 寒冷(한랭) 寒食(한식) 惡寒(오한)
門 4 ⑫	閑	한가할 **한** 〈4급〉	한가하다. 느긋함. 막다.	閑暇(한가) 閑談(한담) 閑散(한산) 閑寂(한적)
水 11 ⑭	漢	한수 **한** 〈7급〉	한수. 은하수. 왕조 이름.	漢城(한성) 漢字(한자) 漢江投石(한강투석)
韋 8 ⑰	韓	나라이름·성 **한** 〈8급〉	나라이름. 우물귀틀. 성씨.	韓國(한국) 韓服(한복) 韓紙(한지) 三韓(삼한)
刀 10 ⑫	割	나눌 **할** 〈3급2〉	나누다. 가르다. 빼앗다.	割據(할거) 割當(할당) 割引(할인) 役割(역할)
口 4 ⑦	含	머금을 **함** 〈3급2〉	머금다. 품다. 넣다.	含量(함량) 含笑(함소) 含有(함유) 包含(포함)
口 6 ⑨	咸	다 **함** 〈3급〉	다. 같다. 덜다.	咸告(함고) 咸卦(함괘) 含意(함의) 咸池(함지)
阝 8 ⑪	陷	빠질 **함** 〈3급2〉	빠지다. 함락. 빠뜨리다.	陷溺(함닉) 陷落(함락) 陷穽(함정) 缺陷(결함)

口 3 ⑥	合	합할 **합** ⟨6급⟩ 합하다. 일치함. 모이다.	合格(합격) 合計(합계) 合當(합당) 合倂(합병)
手 4 ⑦	抗	대항할·막을 **항** ⟨4급⟩ 대항하다. 막다. 겨루다.	抗拒(항거) 抗命(항명) 抗議(항의) 對抗(대항)
己 6 ⑨	巷	거리 **항** ⟨3급⟩ 거리. 골목. 마을. 동네.	巷間(항간) 巷談(항담) 巷說(항설) 村巷(촌항)
心 6 ⑨	恒	항상 **항** ⟨3급2⟩ 항상. 고사. 온순하다.	恒久(항구) 恒常(항상) 恒星(항성) 恒用(항용)
舟 4 ⑩	航	건널 **항** ⟨4급2⟩ 건너다. 배. 방주. 배다리.	航空(항공) 航路(항로) 航運(항운) 航海(항해)
水 9 ⑫	港	항구 **항** ⟨4급2⟩ 항구. 도랑. 뱃길. 통하다.	港口(항구) 港都(항도) 港灣(항만) 空港(공항)
頁 3 ⑫	項	목 **항** ⟨3급2⟩ 목. 목덜미. 크다. 항목.	項鎖足鎖(항쇄족쇄) 項目(항목) 事項(사항)
亠 4 ⑥	亥	돼지 **해** ⟨3급⟩ 돼지. 열두째 지지. 끝.	亥年(해년) 亥末(해말) 亥時(해시) 亥月(해월)

부수	한자	훈음	급수	한자어
大 7 ⑩	奚	어찌 **해** 어찌. 노복. 이름. 종족.	〈3급〉	奚暇(해가) 奚琴(해금) 奚奴(해노) 奚若(해약)
宀 7 ⑩	害	해칠 **해** 해치다. 훼방하다. 어찌.	〈5급〉	害毒(해독) 害惡(해악) 害蟲(해충) 妨害(방해)
水 7 ⑩	海	바다 **해** 바다. 바닷물. 크다.	〈7급〉	海難(해난) 海圖(해도) 海流(해류) 海域(해역)
角 6 ⑬	解	풀·흩어질 **해** 풀다. 흩어지다. 가르다.	〈4급2〉	解決(해결) 解答(해답) 解散(해산) 解說(해설)
言 6 ⑬	該	그 **해** 그. 갖추다. 겸하다.	〈3급〉	該當(해당) 該博(해박) 該人(해인) 該地(해지)
木 6 ⑩	核	씨 **핵** 씨. 알맹이. 중심. 굳다.	〈4급〉	核武器(핵무기) 核心(핵심) 反核(반핵)
行 0 ⑥	行	갈 **행**, 항렬 **항** 가다. 나아가다. 항렬.	〈6급〉	行軍(행군) 行進(행진) 行列(항렬) 實行(실행)
干 5 ⑧	幸	다행 **행** 다행. 요행. 혜택. 즐기다.	〈6급〉	幸冀(행기) 幸福(행복) 幸運(행운) 多幸(다행)

| 口
3
⑥ | 向 | 향할 **향** 〈6급〉
향하다. 향방. 북창. | 向上(향상) 向意(향의)
向學(향학) 指向(지향) |

| 亠
6
⑧ | 享 | 누릴 **향** 〈3급〉
누리다. 제사드리다. | 享年(향년) 享福(향복)
享祀(향사) 享壽(향수) |

| 香
0
⑨ | 香 | 향기 **향** 〈4급2〉
향기. 아름다움. 향기롭다. | 香氣(향기) 香料(향료)
香燭(향촉) 香薰(향훈) |

| 阝
10
⑬ | 鄕 | 시골 **향** 〈4급2〉
시골. 마을. 고향. | 鄕歌(향가) 鄕愁(향수)
鄕村(향촌) 鄕土(향토) |

| 音
13
㉒ | 響 | 울림 **향** 〈3급2〉
울리다. 명성. 소리. 소식. | 響卜(향복) 響應(향응)
反響(반향) 音響(음향) |

| 言
4
⑪ | 許 | 허락할 **허** 〈5급〉
허락하다. 나아가다. | 許可(허가) 許諾(허락)
許容(허용) 特許(특허) |

| 虍
6
⑫ | 虛 | 빌 **허** 〈4급2〉
비다. 약하다. 비우다. 틈. | 虛空(허공) 虛飢(허기)
虛實(허실) 虛點(허점) |

| 車
3
⑩ | 軒 | 처마 **헌** 〈3급〉
처마. 추녀. 수레. 집. | 軒擧(헌거) 軒昂(헌앙)
軒軒丈夫(헌헌장부) |

부수	한자	훈음	급수	한자어

心
12
⑯

憲

법 **헌**　　　　　　〈4급〉
법. 법규. 본보기. 고시.

憲法(헌법)　憲兵(헌병)
憲章(헌장)　憲政(헌정)

犬
16
⑳

獻

바칠 **헌**　　　　　〈3급2〉
바치다. 드리다. 술통.

獻金(헌금)　獻納(헌납)
獻身(헌신)　獻花(헌화)

阝
13
⑯

險

험할 **험**　　　　　〈4급〉
험하다. 위태롭다. 고생.

險口(험구)　險難(험난)
險峻(험준)　危險(위험)

馬
13
㉓

驗

증험할 **험**　　　　〈4급2〉
증험하다. 시험. 표정.

驗證(험증)　驗左(험좌)
試驗(시험)　效驗(효험)

革
0
⑨

革

가죽 **혁**　　　　　〈4급〉
가죽. 북. 고치다. 경계함.

革帶(혁대)　革命(혁명)
革新(혁신)　革進(혁진)

玄
0
⑤

玄

검을 **현**　　　　　〈3급2〉
검다. 하늘빛. 고요하다.

玄機(현기)　玄妙(현묘)
玄米(현미)　玄孫(현손)

玉
7
⑪

現

나타날·볼 **현**　　　〈6급〉
나타나다. 현재.

現象(현상)　現實(현실)
現在(현재)　出現(출현)

糸
5
⑪

絃

악기줄 **현**　　　　〈3급〉
악기 줄. 현악기. 타다.

絃琴(현금)　絃索(현삭)
絃誦(현송)　絃樂(현악)

貝 8 ⑮	賢	어질 **현** 〈4급2〉 어질다. 어진 사람.	賢明(현명) 聖賢(성현) 賢母良妻(현모양처)
糸 10 ⑯	縣	고을 **현** 〈3급〉 고을. 매달다. 떨어지다.	縣監(현감) 縣隔(현격) 縣鼓(현고) 郡縣(군현)
心 16 ⑳	懸	매달·걸 **현** 〈3급2〉 매달다. 걸다. 빚.	懸賞(현상) 懸案(현안) 懸垂幕(현수막)
頁 14 ㉓	顯	나타날 **현** 〈4급〉 나타나다. 드러남. 광명.	顯達(현달) 顯微(현미) 顯著(현저) 顯忠(현충)
穴 0 ⑤	穴	구멍 **혈** 〈3급2〉 구멍. 구덩이. 동굴.	穴居(혈거) 穴室(혈실) 偕老同穴(해로동혈)
血 0 ⑥	血	피 **혈** 〈4급2〉 피. 골. 골육. 상처.	血管(혈관) 血糖(혈당) 血眼(혈안) 血統(혈통)
女 10 ⑬	嫌	싫어할 **혐** 〈3급〉 싫어하다. 의심. 불만.	嫌忌(혐기) 嫌惡(혐오) 嫌怨(혐원) 嫌疑(혐의)
十 6 ⑧	協	합할·도울 **협** 〈4급2〉 합하다. 일치하다. 좇다.	協同(협동) 協商(협상) 協議(협의) 協助(협조)

肉 6 ⑩	脅	으를 **협** 으르다. 곁. 옆.	〈3급2〉	脅迫(협박) 脅制(협제) 脅奪(협탈) 威脅(위협)
儿 3 ⑤	兄	맏 **형** 맏이. 형. 벗의 경칭.	〈8급〉	兄夫(형부) 兄弟(형제) 兄友弟恭(형우제공)
刀 4 ⑥	刑	형벌 **형** 형벌. 벌하다. 본받다.	〈4급〉	刑罰(형벌) 刑法(형법) 刑杖(형장) 死刑(사형)
亠 5 ⑦	亨	형통할 **형**, 드릴 **향**, 삶을 **팽**	〈3급〉	亨途(형도) 亨通(형통) 享有(향유) 亨淑(팽숙)
彡 4 ⑦	形	형상 **형** 형상. 용모. 몸. 형세.	〈6급〉	形局(형국) 形狀(형상) 形勢(형세) 形式(형식)
虫 10 ⑯	螢	개똥벌레 **형** 개똥벌레. 반딧불.	〈3급〉	螢光(형광) 螢窓(형창) 螢雪之功(형설지공)
行 10 ⑯	衡	저울대 **형**, 가로 **횡** 저울대. 달다. 패옥. 난간.	〈3급2〉	衡器(형기) 衡度(형도) 衡平(형평) 均衡(균형)
八 2 ④	兮	어조사 **혜** 어조사. ~여. ~인가.	〈3급〉	歸去來兮(귀거래혜) 不素餐兮(불소찬혜)

<table>
<tr><td>心
8
⑫</td><td></td><td>은혜 **혜** 〈4급2〉
은혜. 혜택. 착하다.</td><td>惠諒(혜량) 惠存(혜존)
惠澤(혜택) 恩惠(은혜)</td></tr>
<tr><td>心
11
⑮</td><td>慧</td><td>슬기로울·지혜 **혜** 〈3급2〉
슬기롭다. 총명함. 지혜.</td><td>慧巧(혜교) 慧眼(혜안)
慧敏(혜민) 知慧(지혜)</td></tr>
<tr><td>二
2
④</td><td></td><td>서로 **호** 〈3급〉
서로. 뒤섞이다. 교차함.</td><td>互角(호각) 互選(호선)
互惠(호혜) 相互(상호)</td></tr>
<tr><td>戶
0
④</td><td>戶</td><td>지게 **호** 〈4급2〉
지게. 지게문. 출입구. 집.</td><td>戶口(호구) 戶別(호별)
戶數(호수) 戶籍(호적)</td></tr>
<tr><td>丿
4
⑤</td><td></td><td>온·그런가 **호** 〈3급〉
온. 그런가. 어조사.</td><td>斷乎(단호) 純乎(순호)
嗟乎(차호) 確乎(확호)</td></tr>
<tr><td>女
3
⑥</td><td></td><td>좋을 **호** 〈4급2〉
좋다. 좋아하다. 아름답다.</td><td>好感(호감) 好惡(호오)
好事多魔(호사다마)</td></tr>
<tr><td>口
5
⑧</td><td></td><td>부를 **호** 〈4급2〉
부르다. 이름 짓다. 숨 내쉬다.</td><td>呼價(호가) 呼客(호객)
呼稱(호칭) 呼吸(호흡)</td></tr>
<tr><td>虍
2
⑧</td><td>虎</td><td>범 **호** 〈3급2〉
범. 용맹스럽다. 포학하다.</td><td>虎視耽耽(호시탐탐)
虎口(호구) 虎狼(호랑)</td></tr>
</table>

부수	한자	훈·음	급수	용례
肉 5 ⑨	胡	오랑캐 **호** 오랑캐. 늙은이. 어찌.	〈3급2〉	胡國(호국) 胡亂(호란) 胡人(호인) 胡笛(호적)
水 7 ⑩	浩	넓을 **호** 넓다. 크다. 넉넉하다.	〈3급2〉	浩氣(호기) 浩蕩(호탕) 浩然之氣(호연지기)
毛 7 ⑪	毫	가는털 **호** 가는 털. 조금. 붓.	〈3급〉	毫髮(호발) 秋毫(추호) 毫釐不差(호리불차)
水 9 ⑫	湖	호수 **호** 호수. 큰 못.	〈5급〉	湖水(호수) 湖畔(호반) 江湖之樂(강호지락)
虍 7 ⑬	號	부를·부르짖을 **호** 부르다. 부르짖다.	〈6급〉	號令(호령) 號數(호수) 號外(호외) 符號(부호)
豕 7 ⑭	豪	호걸 **호** 호걸. 귀인. 빼어나다.	〈3급2〉	豪傑(호걸) 文豪(문호) 豪言壯談(호언장담)
言 14 ㉑	護	보호할 **호** 보호하다. 돕다. 지키다.	〈4급2〉	護國(호국) 護送(호송) 看護(간호) 保護(보호)
戈 4 ⑧	或	혹 **혹** 혹. 혹은. 어떤 사람. 늘.	〈4급〉	或說(혹설) 或時(혹시) 或者(혹자) 間或(간혹)

心 8 ⑫	惑	미혹할 **혹** 〈3급2〉 미혹하다. 어긋나다. 미혹.	惑星(혹성) 迷惑(미혹) 惑世誣民(혹세무민)
日 4 ⑧	昏	어두울 **혼** 〈3급〉 어둡다. 어리석음. 저녁때.	昏亂(혼란) 昏迷(혼미) 昏絶(혼절) 黃昏(황혼)
女 8 ⑪	婚	혼인할 **혼** 〈4급〉 혼인하다. 처가. 장인.	婚談(혼담) 婚禮(혼례) 婚事(혼사) 婚姻(혼인)
水 8 ⑪	混	섞을 **혼** 〈4급〉 섞다. 흐리다. 합치다.	混沌(혼돈) 混亂(혼란) 混雜(혼잡) 混濁(혼탁)
鬼 4 ⑭	魂	넋 **혼** 〈3급2〉 넋. 혼. 정신. 마음. 생각.	魂魄(혼백) 亡魂(망혼) 魂飛魄散(혼비백산)
心 4 ⑧	忽	홀연 **홀** 〈3급2〉 홀연. 문득. 소홀히 하다.	忽待(홀대) 忽然(홀연) 忽視(홀시) 疏忽(소홀)
弓 2 ⑤	弘	넓을 **홍** 〈3급〉 넓다. 널리. 크다.	弘報(홍보) 宣弘(선홍) 弘益人間(홍익인간)
水 6 ⑨	洪	넓을 **홍** 〈3급2〉 넓다. 큰 물. 크다. 여울.	洪範(홍범) 洪福(홍복) 洪水(홍수) 洪業(홍업)

糸 3 ⑨	紅	붉을 **홍** 붉다. 연지. 붉은 꽃.	〈4급〉	紅疫(홍역) 紅塵(홍진) 紅燈街(홍등가)
鳥 6 ⑰	鴻	큰기러기 **홍** 큰 기러기. 크다.	〈3급〉	鴻毛(홍모) 孤鴻(고홍) 鴻鵠之志(홍곡지지)
火 0 ④	火	불 **화** 불. 타다. 태양.	〈8급〉	火急(화급) 火口(화구) 火傷(화상) 火災(화재)
匕 2 ④	化	화할 **화** 화하다. 변함. 가르치다.	〈5급〉	化粧(화장) 化學(화학) 敎化(교화) 變化(변화)
禾 0 ⑤	禾	벼 **화** 벼. 곡물. 수효.	〈3급〉	禾穀(화곡) 禾苗(화묘) 禾粟(화속) 禾穗(화수)
艸 4 ⑧	花	꽃 **화** 꽃. 꽃피다. 무늬.	〈7급〉	花壇(화단) 花盆(화분) 花鳥(화조) 花草(화초)
禾 5 ⑧	和	고를·답할 **화** 고르다. 화해하다. 답하다.	〈6급〉	和睦(화목) 和暢(화창) 和親(화친) 和解(화해)
貝 4 ⑪	貨	재화 **화** 재화. 물품. 화폐. 팔다.	〈4급2〉	貨物(화물) 貨主(화주) 貨幣(화폐) 財貨(재화)

| 艸
8
⑫ | 華 | 빛날·꽃 **화**　　　〈4급〉
빛나다. 꽃. 아름답다. | 華麗(화려) 華奢(화사)
華燭(화촉) 華婚(화혼) |

| 田
7
⑫ | 畫 | 그림 **화**, 그을 **획**　〈6급〉
그림. 그리다. 채색. | 畫家(화가) 畫順(획순)
畫龍點睛(화룡점정) |

| 言
6
⑬ | 話 | 말할 **화**　　　〈7급〉
말하다. 이야기. 말. | 話頭(화두) 話法(화법)
話術(화술) 話題(화제) |

| 示
9
⑭ | 禍 | 재앙 **화**　　　〈3급2〉
재앙. 재난. 걱정. 죄. | 禍根(화근) 禍難(화난)
禍福(화복) 禍厄(화액) |

| 石
10
⑮ | 確 | 굳을·확신할 **확**　〈4급2〉
굳다. 확실하다. 분명. | 確固(확고) 確立(확립)
確信(확신) 確認(확인) |

| 手
15
⑱ | 擴 | 넓힐 **확**　　　〈3급〉
넓히다. 늘리다. 확대. | 擴大(확대) 擴散(확산)
擴張(확장) 擴充(확충) |

| 禾
14
⑲ | 穫 | 거둘 **확**　　　〈3급〉
거두다. 벼 다. 얻다. | 穫蹈(확도) 穫刈(확예)
收穫(수확) 秋穫(추확) |

| 丶
2
③ | 丸 | 알 **환**　　　　〈3급〉
알. 자루. 둥글다. 꼿꼿하다. | 丸石(환석) 丸藥(환약)
丸彫(환조) 飛丸(비환) |

心 7 ⑪	患	근심 **환** 근심. 고통. 재난.	〈5급〉	患難(환난) 患部(환부) 患者(환자) 憂患(우환)
手 9 ⑫	換	바꿀 **환** 바꾸다. 고치다. 제멋대로.	〈3급2〉	換氣(환기) 交換(교환) 換骨奪胎(환골탈태)
辵 13 ⑰	還	돌아올 **환** 돌아오다. 돌다. 갚다.	〈3급2〉	還給(환급) 還拂(환불) 還元(환원) 返還(반환)
玉 13 ⑰	環	고리 **환** 고리. 두르다. 돌다.	〈4급〉	環境(환경) 環球(환구) 環狀(환상) 環象(환상)
欠 18 ㉒	歡	기뻐할 **환** 기뻐하다. 기쁘게 하다.	〈4급〉	歡待(환대) 歡樂(환락) 歡迎(환영) 歡喜(환희)
水 6 ⑨	活	살 **활** 살다. 살리다. 물 흐르다.	〈7급〉	活動(활동) 活力(활력) 活躍(활약) 活用(활용)
水 5 ⑧	況	하물며 **황** 하물며. 이에. 형편.	〈4급〉	況味(황미) 況且(황차) 況厚(황후) 狀況(상황)
白 4 ⑨	皇	임금 **황** 임금. 천체. 크다.	〈3급2〉	皇宮(황궁) 皇城(황성) 皇帝(황제) 皇后(황후)

艸 6 ⑩	荒	거칠 · 어두울 **황** 〈3급2〉 거칠다. 망치다. 어둡다.	荒唐無稽(황당무계) 荒村(황촌) 荒廢(황폐)
黃 0 ⑫	黃	누를 **황** 〈6급〉 누르다. 누른빛. 어린아이.	黃口(황구) 黃金(황금) 黃砂(황사) 黃土(황토)
口 3 ⑥	回	돌 **회** 〈4급2〉 돌다. 돌아오다. 번. 횟수.	回顧(회고) 回歸(회귀) 回數(횟수) 回轉(회전)
火 2 ⑥	灰	재 **회** 〈4급〉 재. 재가 되다. 석회.	灰滅(회멸) 灰色(회색) 灰心(회심) 石灰(석회)
心 7 ⑩	悔	뉘우칠 **회** 〈3급2〉 뉘우치다. 뉘우침. 깔봄.	悔改(회개) 悔心(회심) 悔悟(회오) 悔恨(회한)
日 9 ⑬	會	모일 **회** 〈6급〉 모이다. 모으다. 모임.	會計(회계) 會館(회관) 會談(회담) 會議(회의)
心 16 ⑲	懷	품을 **회** 〈3급〉 품다. 품안. 생각. 보내다.	懷古(회고) 懷柔(회유) 懷疑(회의) 懷抱(회포)
刀 12 ⑭	劃	그을 **획** 〈3급2〉 긋다. 꾀하다. 획. 쪼개다.	劃一(획일) 區劃(구획) 劃期的(획기적)

부수	한자	훈음	급수	단어
犭 14 ⑰	獲	얻을 **획** 얻다. 손에 넣다. 맞히다.	〈3급2〉	獲得(획득) 獲旌(획정) 獲罪(획죄) 捕獲(포획)
木 12 ⑯	橫	가로 **횡** 가로. 옆. 가로지르다.	〈3급2〉	橫斷(횡단) 橫財(횡재) 橫說竪說(횡설수설)
子 4 ⑦	孝	효도 **효** 효도. 상복 입다.	〈7급〉	孝敬(효경) 孝道(효도) 孝誠(효성) 孝子(효자)
攴 6 ⑩	效	본받을 **효** 본받다. 주다. 힘쓰다.	〈5급〉	效果(효과) 效能(효능) 效用(효용) 效率(효율)
日 12 ⑯	曉	새벽 **효** 새벽. 밝다. 깨닫다.	〈3급〉	曉鷄(효계) 曉達(효달) 曉星(효성) 曉諭(효유)
人 7 ⑨	侯	제후 **후** 제후. 과녁. 어조사.	〈3급〉	侯鵠(후곡) 侯爵(후작) 侯鯖(후정) 諸侯(제후)
厂 7 ⑨	厚	두터울 **후** 두텁다. 두껍다. 도탑다.	〈4급〉	厚待(후대) 厚德(후덕) 厚顔無恥(후안무치)
彳 6 ⑨	後	뒤·뒤로할 **후** 뒤. 늦다. 뒤로 하다.	〈7급〉	後記(후기) 後尾(후미) 後進(후진) 後悔(후회)

人 8 ⑩	候	철 **후** 〈4급〉 철. 시기. 망루. 염탐. 조짐.	候鳥(후조) 候補(후보) 氣候(기후) 問候(문후)
言 3 ⑩	訓	가르칠 **훈** 〈6급〉 가르치다. 이끌다. 경계.	訓戒(훈계) 訓蒙(훈몽) 訓育(훈육) 訓話(훈화)
殳 9 ⑬	毀	헐 **훼** 〈3급〉 헐다. 무너지다. 야위다.	毀謗(훼방) 毀損(훼손) 毀辱(훼욕) 毀折(훼절)
手 9 ⑫	揮	휘두를 **휘** 〈4급〉 휘두르다. 뿌리다. 지시.	揮喝(휘갈) 揮帳(휘장) 揮毫(휘호) 指揮(지휘)
車 8 ⑮	輝	빛날 **휘** 〈3급〉 빛나다. 빛. 광채. 불빛.	輝光(휘광) 輝燭(휘촉) 輝煌(휘황) 光輝(광휘)
人 4 ⑥	休	쉴 **휴** 〈7급〉 쉬다. 그만두다. 좋다.	休暇(휴가) 休講(휴강) 休息(휴식) 休養(휴양)
手 10 ⑬	携	끌·가질 **휴** 〈3급〉 끌다. 잡다. 가지다.	携帶(휴대) 携手(휴수) 携貳(휴이) 提携(제휴)
凵 2 ④	凶	흉할 **흉** 〈5급〉 흉하다. 재앙. 흉년.	凶計(흉계) 凶年(흉년) 凶惡(흉악) 凶暴(흉포)

| 肉
6
⑩ | 胸 | 가슴 **흉** 〈3급2〉
가슴. 마음. 앞. 요충지. | 胸襟(흉금) 胸背(흉배)
胸部(흉부) 胸中(흉중) |

| 黑
0
⑫ | 黑 | 검을 **흑** 〈5급〉
검다. 검은 빛. 검게 되다. | 黑幕(흑막) 黑白(흑백)
黑心(흑심) 黑字(흑자) |

| 口
4
⑦ | 吸 | 숨 들이쉴 **흡** 〈4급2〉
숨 들이쉬다. 마시다. | 吸收(흡수) 吸煙(흡연)
吸着(흡착) 呼吸(호흡) |

| 臼
9
⑯ | 興 | 일 · 흥취 **흥** 〈4급2〉
일다. 일으키다. 흥취. | 興味(흥미) 興趣(흥취)
興亡盛衰(흥망성쇠) |

| 巾
4
⑦ | 希 | 바랄 · 드물 **희** 〈4급2〉
바라다. 드물다. 성기다. | 希求(희구) 希冀(희기)
希望(희망) 希慕(희모) |

| 口
9
⑫ | 喜 | 기쁠 **희** 〈4급〉
기쁘다. 즐겁다. 좋아하다. | 喜樂(희락) 喜悅(희열)
喜怒哀樂(희로애락) |

| 禾
7
⑫ | 稀 | 드물 **희** 〈3급2〉
드물다. 성기다. 묽다. | 稀貴(희귀) 稀微(희미)
稀薄(희박) 稀罕(희한) |

| 戈
13
⑰ | 戲 | 놀 **희** 〈3급2〉
놀다. 희롱하다. 놀이. | 戲劇(희극) 戲弄(희롱)
戲娛(희오) 戲謔(희학) |